Nelli Bangert
Wundertüte Leben

Über die Autorin

*Nelli Bangert* liebt es, Menschen in ihrem persönlichen Glauben an Gott zu ermutigen und neu herauszufordern. Das tut sie mit ihren Büchern und im Rahmen von Freizeiten und Events, auf denen sie immer wieder als Referentin spricht. Mit ihrem Mann Christian leitet sie einen Jugendkreis. Sie ist Autorin erfolgreicher Jugendandachtsbücher wie „Du bist ein Gedanke Gottes", „Unendlich geliebt", „Nutella für die Seele" sowie des Ratgebers „Wo bleibt mein Prinz?".

NELLI BANGERT

# Wundertüte Leben

## 44 Aha-Momente mit Gott

# Widmung

Für die Frauen in meiner Familie und Schwiegerfamilie: Mama, Heike, Diane mit Stella, Steffi, Sabine, Janina, Mailin und Celine. Ich bin so dankbar, dass ihr so viel Raum in meiner „Wundertüte Leben" einnehmt. Danke für all die Wundermomente, die ich immer wieder mit euch erleben darf. Gott liebt euch grenzen- und pausenlos!

Für alle jungen Frauen, die eine große Sehnsucht nach Gott haben und die „Wundertüte Leben" mit ihm gemeinsam auspacken wollen.

# Inhalt

Einleitung .................................................................. 11

Mit Gott träumen ..................................................... 15

Wo ist mein Platz im Leben? ................................... 21

Das Leben mit der eigenen Handschrift schreiben ......... 27

Küsse den Moment, denn er ist kostbar! ................ 32

Zwischen den Welten ............................................... 37

Glaube, der aus den Kinderschuhen herauswächst ......... 41

Wenn ich mit meinem Latein am Ende bin ............. 47

Gottes Muttersprache ist Liebe ............................... 52

Und plötzlich war da Wärme! .................................. 58

Wenn der Heilige Geist die Führung übernimmt ......... 62

Was ich von den *Weightwatchers*
für mein Leben gelernt habe .................................. 66

Leben ist heute ........................................................ 70

| | |
|---|---|
| Du bist willkommen in meinem Leben | 75 |
| Wenn mir Gott die Sprache verschlägt | 80 |
| Nostalgie mitten im Aufbruch | 84 |
| Wir sind anders, aber gleich | 89 |
| Ein Wunder nur für mich! | 94 |
| Wo ist die Muße eigentlich hin? | 99 |
| Hand in Hand Jesus hinterher | 103 |
| Heute – ein vernachlässigtes Geschenk | 109 |
| Ein wunderschönes Mosaik | 114 |
| Wenn dem Herz die Augen aufgehen | 118 |
| Von der Freiheit, nicht alles machen zu können | 123 |
| Hallo Schwiegermutter, lass uns Freunde sein! | 128 |
| Freunde sind überlebenswichtig | 134 |
| Gottes „dufte Frauen" | 138 |
| Behüte dein Herz! | 144 |
| Glitzermomente von gestern sind Dankmomente von heute | 149 |
| Nur dieser eine Schritt | 154 |
| Wie Gott mich sieht | 159 |
| Gott ist größer als meine Pläne | 164 |
| Mini-Urlaub mit Jesus | 168 |
| Ich bin reich gesegnet | 173 |
| Mutig glauben | 178 |

Baustelle Leben .................................................................. 184

Gott bleibt bei dir – auch wenn du zweifelst ................. 189

Sag Ja zum Wörtchen Nein! ............................................. 194

Nächstenliebe leicht gemacht? ....................................... 199

Zwischen Bügelwäsche und Abwasch
einfach mal tanzen ........................................................... 204

Groß, größer, Gott ............................................................ 209

Wir sind halt keine 20 mehr ... aber da geht noch was! ... 215

Unkontrolliert schön ........................................................ 221

Unterwegs mit leichtem Gepäck ..................................... 226

Im Strandkorb ist die Welt in Ordnung ......................... 232

Dankeschön ....................................................................... 237

# Einleitung

Das Leben ist eine Wundertüte – gefüllt mit kleinen und großen, süßen und sauren Wundern. Gerade in der Zeit, in der wir von einer „Jungerwachsenen" zu einer erwachsenen Frau werden, erleben wir viele dieser Wunder, denn es ist eine Zeit voller spannender und herausfordernder Umbrüche. Wir fragen uns, wer wir wirklich sind oder sein wollen, was wir glauben und leben sollen, welche Werte uns wichtig sind, wie wir es uns in unserem selbstbestimmten „Erwachsenenleben" einrichten wollen.

Wir sind auf der Suche nach unserem Platz im Leben – sowohl beruflich als auch privat. Wir lösen uns von unserem Elternhaus und beginnen unser Leben mit der eigenen Handschrift zu schreiben. Denn nicht alles, was unsere Eltern uns mitgegeben haben, wollen wir übernehmen. Wir lernen, unsere eigenen Entscheidungen zu treffen und unser Leben so zu organisieren und gestalten, wie es für uns Sinn ergibt. Dabei schauen wir immer wieder zurück, um unsere Kindheit und Jugendzeit zu reflektieren und auch, um manches Päckchen aus der Vergangenheit loszulassen. Gleichzeitig stehen wir mitten im Leben „unsere Frau" und bekommen viele Möglichkeiten, uns hingebungsvoll in andere Menschen und Projekte zu investieren und damit Gottes Liebe in diese Welt zu tragen. Und in all diesen Umbrüchen und Entscheidungsprozessen dürfen wir Gott erleben und über die großen und kleinen Wunder staunen, die er tut.

Bei manchen Wundern, die uns auf dem Weg zum Erwachsensein begegnen, trauen wir unseren Augen kaum und können unser Glück nicht fassen. Doch es gibt auch Momente, in denen wir uns nur wundern können, in welcher Situation wir plötzlich stecken und wie überraschend schnell sich das vorherige Glück wieder verabschiedet hat. Momente, in denen wir eher das Gefühl haben „unser blaues Wunder" zu erleben. Hell und dunkel, bunt und trist, süß und sauer – all das gehört zusammen und macht unsere „Wundertüte Leben" aus. Und beim Auspacken, Freuen und Wundern ist Gott immer bei uns. Er feiert die knallbunten und glitzernden Wundermomente mit uns, und er tröstet uns, wenn wir mal in den sauren Apfel beißen müssen. Während wir Wunderschönes und Wundersames erleben, können wir eine Menge von und über Gott lernen. Er ist uns nahe und offenbart uns, wie wir aus jeder Situation gestärkt und verändert herauskommen und wieder ein kleines bisschen weiser weitergehen können.

In all den schönen und schweren Zeiten will Jesus uns Glück schenken. Mal ist es das Glück, ihn gerade in Schwierigkeiten und Nöten zu erleben und wissen zu dürfen, dass er uns zur Seite steht. Mal ist es das Glück, ganz im Moment ankommen zu können und eine große Freude im Herzen zu verspüren. Mal ist es das Glück, einen leckeren Latte macchiato genießen und ein gutes Gespräch mit einer lieben Freundin führen zu können, eine unerwartete Beförderung zu bekommen oder einen tollen Urlaub erleben zu dürfen. Vor allem aber ist es das Glück, Jesus selbst nahe zu sein, wie es auch in Psalm 73,28 steht. Und dieses Glück in Gottes Gegenwart können wir immer finden – selbst in Zeiten von großen Veränderungen und bedeutsamen Umbrüchen. Während sich alles wandelt, bleibt Gott gleich. Er ist der Anker mitten in unserem stürmischen Leben. Er ist beständig, genau wie seine große Liebe zu uns. Und er hat alles in seiner liebenden Hand – auch meine ganz persönliche „Wundertüte Leben".

Beim Lesen dieses Buches wirst du einen tiefen Blick in meine „Wundertüte" werfen können und einiges aus meinem Leben erfahren. Ich nehme dich mit auf eine sehr persönliche Reise durch meine letzten Jahre als 20-Jährige und meine ersten als Anfang 30-Jährige. Ich bin zutiefst dankbar für all die Momente voller Glück und Segen, die Gott mir geschenkt hat und die ich nun mit dir teilen kann! Doch ich bin genauso dankbar für die herausfordernden Zeiten, über die ich schreibe, weil ich in ihnen vieles über mich selbst und vor allem über Gott lernen durfte. Rückblickend will ich diese schweren Zeiten unter keinen Umständen missen – sie haben mich geprägt und meinem Glauben Tiefe und Weite geschenkt. Oft haben sie mir sogar größere Aha-Momente gebracht als die „süßen" Zeiten meines Lebens.

All diese kleinen und großen Erkenntnismomente über Gott und das Leben sind letztendlich auch Wunder für mich. Es ist in meinen Augen ein Wunder, dass sich dieser große Gott für mich und mein Leben interessiert, dass er erfahrbar und mir nahe ist – und dass er mir Aha-Momente schenkt, in denen ich ihn noch besser kennenlernen und etwas von seinem guten Plan für mich erahnen darf. Ich bin so dankbar, dass ich in meinem ganz normalen, bunten, lauten und manchmal auch chaotischen Leben nicht allein bin, sondern dass dieser *wunder*volle Gott immer bei mir ist, um mir die Lasten von den Schultern zu nehmen, mich zu ermutigen, aufzubauen und zu stärken. In seiner Gegenwart lasse ich mir meine „Wundertüte Leben" schmecken!

Ich wünsche mir, dass auch du beim Lesen viele Aha-Momente mit Gott hast und vor allem, dass du Glück in seiner Nähe findest. Er hat so unfassbar viel mit dir und deinem Leben vor! Lass dich auf deine persönlichen großen und kleinen Wunder ein und sei dir gewiss: Gott selbst hilft dir beim Auspacken deiner Wundertüte.

Deine Nelli

# Mit Gott träumen

Freu dich über den Herrn, und er wird dir geben,
was du dir von Herzen wünschst.
Psalm 37,4

Gerade jetzt ist mein Herz bis zum Rand mit Träumen gefüllt. Manchmal werde ich für meine Träume belächelt – schließlich scheinen manche von ihnen so weit weg von der Realität meines Lebens zu sein. Aber ich liebe es, zu träumen und stelle immer wieder fest, dass ich es viel zu selten tue. Viel zu selten denke und träume ich groß und rechne damit, dass Gott in meinem Leben Wunder tun kann; ja, dass er wirklich eine ganze Wundertüte für mich bereithält. Stattdessen kalkuliere ich oft nur mit dem Überschaubaren. Dabei lebe ich doch mit einem großen Gott, der unbegrenzte Möglichkeiten hat!

Ich will keine Träume verwirklichen, die Gott nicht mit einem Lächeln bestätigen würde, aber wenn ich spüre, dass meine Lebensträume auch seine für mich sind, will ich ihnen von Herzen gern nachjagen. Ich will erleben, wie sie plötzlich greifbar werden, sich niederlassen und Gestalt annehmen. In meinem Buch „Wo bleibt mein Prinz" schrieb ich über das Thema Träume:

> „*Träume sind der tiefe Ausdruck unserer*
> *Seele, die lebendig sein will. Ein Traum ist*
> *ein mutiger Schritt raus aus unserem kleinen*
> *Leben. Ein Traum lässt unser Herz höher*
> *schlagen. Er malt ein Lächeln auf unsere Lippen.*
> *Gibt Energie für den Tag und Motivation*
> *zum Leben. Träume sind so kostbar ..."*

Und noch immer haben Träume eine große Bedeutung für mich – gerade in dieser spannenden Lebensphase, in der man endgültig im Erwachsenenleben ankommt und Bilanz zieht, welche Träume nur Kindheitsträume waren und welche „mitgewachsen" sind. Ich habe jedenfalls auch mit Anfang 30 noch viele Träume für meine unterschiedlichen Lebensbereiche. Wenn ich zum Beispiel an meine Arbeit als Autorin und Referentin denke, träume ich davon, mal einen richtigen Roman zu schreiben. So gern würde ich mal eine ganze fiktive Welt erschaffen, in der ich Gottes Führung und Liebe sichtbar machen könnte. So gern würde ich unterschiedliche Charaktere entwickeln und „lebendig" werden lassen, die vor Weggabelungen stehen, mit Schicksalsschlägen konfrontiert werden, Gott im Wirrwarr ihres Lebens suchen, sich nach einem Leben sehnen, das zu ihnen passt – oder die einfach Schritt für Schritt ihren turbulenten Alltag bewältigen müssen. Auch träume ich davon, dass irgendwann eine junge

Frau in den USA ein Buch von mir lesen kann; vielleicht sogar eine in Russland?

Ich träume davon, einen Podcast zu starten, um mich in intensiven Gesprächen über meine Herzensthemen zu vertiefen und andere damit zu inspirieren. Ich träume davon, ein Magazin für junge Frauen zu konzipieren, das viele ihrer Themen und Fragen aufgreift, die sie beschäftigen, wertvolle Impulse gibt und zum Nachdenken anregt. Ein Magazin, das wie eine gute Freundin für sie ist. Eine Wegbegleiterin mitten im Alltag.

Ich träume davon, noch viel mehr Andachtsbücher zu schreiben – für junge Mädels genau wie für Frauen in meinem Alter. Ich liebe es, zu erleben, wie Frauen durch meine Bücher ermutigt und herausgefordert werden. Ich träume davon, irgendwann ein Andachtsbuch zu schreiben, das Hoffnung und Ermutigung selbst dorthin bringt, wo es nicht mehr viel zu hoffen gibt.

Ich träume davon, noch viel mehr Frauen- und Mädchenevents zu veranstalten, noch viel mehr Frauen intensiv zu begegnen und gemeinsam mit ihnen über Gott nachzudenken. Ich träume davon, Kleingruppenmaterial zu entwickeln, um Mädchen und Frauen im Glauben weiterzubringen und ihr Gottvertrauen zu stärken. Ja, ich habe wirklich noch viele Träume.

Als ich einmal vor einem weißen Blatt saß und meine Träume im Gespräch mit Gott alle niederschreiben wollte, legte er mir den Vers 4 aus Psalm 37 aufs Herz: „Freue dich über den Herrn, und er wird dir geben, was du dir von Herzen wünschst." Ich glaube, dieser Vers spricht einen wichtigen Punkt an, den wir beim Träumen oft außer Acht lassen. „Freue dich über den Herrn" ist die Aufforderung, unsere ganze

Sehnsucht auf Gott zu richten und mit leidenschaftlicher Hingabe ihm selbst auf der Spur zu sein. Ihm unbedingt nahe sein zu wollen. Ihn als die Quelle aller Freude wahrzunehmen und aus dieser Freude heraus zu leben. Oft träumen wir von einem Bilderbuchleben, in dem wir alles haben, wonach wir uns sehnen. Dagegen ist auch nichts einzuwenden – wenn unser Fokus dabei auf Jesus gerichtet bleibt. Wenn *er* der Mittelpunkt unserer Träume bleiben darf. Wenn wir ihm diesen Platz einräumen, kann er unsere Gedanken, Träume und Pläne liebevoll verändern – so, dass sie sich irgendwann mit seinem Willen für unser Leben decken und auf diese Weise zum größtmöglichen Segen für uns werden. Denn genau das wünscht sich Jesus für uns. Seine Träume für unser Leben sind noch viel größer und schöner als unsere eigenen.

Liebend gern will Gott uns beschenken und unsere Träume wahr werden lassen, wenn sie auf unserer Liebe zu ihm gegründet sind. Trotzdem erleben wir es, dass Träume platzen, obwohl wir Gott in unsere „Traumplanung" miteinbezogen haben. Dann stellen wir uns die Frage, nach welchen Kriterien er entscheidet, welchen Traum er wahrwerden lässt und welchen nicht. Nicht immer erkennen wir in Gottes Handlungen ein Muster und stehen ihnen manchmal ein wenig hilflos gegenüber. Wie können wir lernen, mit dieser Diskrepanz zwischen unserem Gottvertrauen und unseren unerfüllten Träumen umzugehen?

Zunächst müssen wir uns darüber bewusst werden, dass wir schlicht und ergreifend nicht alle Träume ausleben *können*. Dafür haben wir viel zu viele Träume und viel zu wenig Lebenszeit. Wir müssen akzeptieren, dass es nicht jeder Traum in die Realität schaffen wird. Das kann schmerzhaft, aber auch befreiend sein, weil diese Tatsache uns auch den

Druck nimmt, alles verwirklichen zu *müssen*. Wenn wir das erkannt haben, beginnt die spannende Suche nach jenen Träumen, die auch Gottes Träume für unser Leben sind: Welche von meinen vielen Träumen hat er mir persönlich aufs Herz gelegt? Mit dieser Frage dürfen wir uns innerlich auf den Weg zum Zentrum unserer Sehnsucht machen.

Unterwegs dürfen wir Gott von all unseren Träumen erzählen. Wir dürfen ihm unsere geballten Sehnsüchte hinhalten und uns intensiv mit ihm über sie austauschen. Wir dürfen Gott mit ins Boot nehmen und dann schauen, was er aus unseren Träumen macht. Wir dürfen hinhören, wie er uns führen will. Wir dürfen erkennen, wo er Türen verschließt und andere sperrangelweit für uns öffnet. Und wir dürfen uns von Gott überraschen lassen. Manchmal zieht er einen großen Traum aus unserem Herzen in unser Leben hinein und lässt ihn tatsächlich wahr werden. Manchmal lässt er sogar Träume wahr werden, die wir noch nicht einmal zu träumen gewagt haben.

In all unserem Träumen, Bitten und Warten sieht er unser Herz. Er kennt unsere wahren Motive, unsere Sehnsüchte und Wünsche und er meint es gut mit uns. Weil er uns unendlich liebt. Ich bin so dankbar, wissen zu dürfen, dass für Gott unsere Träume wichtig sind. Dass er sich für unsere verborgenen Herzenswünsche interessiert – und dass er schon viele davon wahr gemacht hat. In dieser Gewissheit können wir erwartungsvoll nach vorne blicken und uns auf alles freuen, was er noch für uns vorbereitet hat. Also, machen wir uns gemeinsam auf den Weg?

## Mitten ins Leben

Wovon träumst du? Kannst du das konkret benennen? Sind wirklich alle deine Träume gut für dein Leben? Gibt es Träume, deren Erfüllung deinem Charakter nicht guttun würde oder hinter denen sich nur egoistische Motive verbergen? Auf welche Träume willst du deinen Fokus setzen?

## Alltagstipp

Wenn du Lust hast, schreib auch mal eine persönliche Traumliste mit all den Träumen, die in deinem Herzen schlummern. Danach bringe deine gesamte „Traumladung" zu Gott und rede mit ihm darüber. Lass deine Träume immer wieder Thema im Gespräch mit ihm sein.

# Wo ist mein Platz im Leben?

Und ich hörte die Stimme des Herrn,
wie er sprach:
Wen soll ich senden? Wer will unser Bote sein?
Ich aber sprach: Hier bin ich, sende mich!
Jesaja 6,8; LU

Ich weiß es noch wie heute: Ich saß im Büro und vor mir stapelte sich ein hoher Berg an Rechnungen, die ich prüfen und ins System eingeben sollte. Doch anstatt mich an die Arbeit zu machen, schweifte mein Blick aus dem Fenster in die Ferne. Tief in mir fühlte ich eine starke Sehnsucht: Die Sehnsucht nach mehr Leben. Nach sinnvollem Leben. Nach erfülltem Leben. Aber wo sollte ich dieses Leben finden? Ich war schon Christin und mit Jesus unterwegs, trotzdem fragte ich mich: *Welche Bedeutung hat mein Leben eigentlich? Warum gibt es mich überhaupt?* Immer häufiger war ich unzufrieden mit meiner beruflichen Situation als Sachbearbeiterin im Einkauf und immer häufiger trieben mich diese Fragen um. Mir fehlte eine Perspektive, meine ganz persönliche Berufung. Ich wollte nicht einfach Tag für Tag vor mich hindümpeln – ich brauchte eine Vision, ein Ziel vor Augen, auf das ich zusteuern konnte. Ich wollte wenigstens merken, dass ich auf dem Weg dorthin war. Ich sehnte mich danach, dass Gott mir Schritte in ein Leben zeigt, das mich wirklich erfüllt.

Ich war fest entschlossen, mich nicht mit dem Status quo zufriedenzugeben. Stattdessen streckte ich mich mit ganzem Herzen nach Gott aus und wollte mit ihm gemeinsam herausfinden, wozu ich auf dieser Welt war. Ich beschloss, ihm meine ganze Sehnsucht nach Berufung vor die Füße zu legen und bat ihn, diese Leere in meinem Herzen mit Sinn und Perspektive zu füllen. „Gott? Was hast du mit mir vor?" Diese Worte standen im Raum und suchten nach einer Antwort. Viele andere Menschen, die ich kannte, gingen gern zur Arbeit und waren damit zufrieden, am Ende des Monats Geld auf ihrem Konto zu haben. Aber mein Anspruch an Arbeit war ein anderer. Mir reichte das nicht. Ich wollte spüren, dass es zwischen mir und meiner Arbeit funkt, dass es „Klick" macht. Ich wollte spüren, dass ich mich in meiner Stelle entwickeln und entfalten kann, dass ich an einem Ort bin, wo ich mich ganzheitlich mit meinem Glauben, meinen Fähigkeiten, meinen Sehnsüchten und meinem Sein einbringen kann. Irgendwie spürte ich das bei meiner aktuellen Stelle nicht. Sie war eben doch mehr Beruf als Berufung.

In Jesaja 6,8 hört Jesaja Gott zu ihm reden: „Wen soll ich senden?" Natürlich hätte Jesaja jetzt jemanden aus seinem Freundes- und Bekanntenkreis nennen können: „Gott, nimm doch lieber den oder den – aber nicht mich." Aber nein, Jesaja bleibt ganz bei sich und sagt: „Hier bin ich, sende mich!" Er stellt sich Gott vollständig zur Verfügung und möchte sich von ihm gebrauchen und in seinem Reich einsetzen lassen.

Ich glaube, dass sich Menschen, die Jesus von Herzen lieben und ihr Leben zu seiner Ehre einsetzen wollen, auch danach sehnen, ihren Beruf zur Ehre Gottes einzusetzen. Es genügt ihnen irgendwann nicht mehr, der täglichen Arbeit als Kassiererin, als Lehrerin oder Industriekauffrau nachzugehen. Einige von ihnen wollen dann lieber vollzeitig in den Dienst für Gott. Andere wiederum werden in ihrem bestehenden Arbeitsverhältnis kreativ und suchen nach Möglichkeiten, um ihren Kollegen Jesus nahezubringen. Das eine ist nicht mehr wert als das andere. Es kann genauso unsere Berufung sein als Bäckerin, Spitzenmanagerin oder Reinigungskraft die Liebe Gottes in die Welt zu tragen, wie in die Mission nach Südafrika zu gehen. Für mich persönlich war jedenfalls irgendwann klar, dass ich einer Arbeit nachgehen wollte, in der ich wirklich vollzeitig Gott dienen konnte – sowohl als seine authentische Zeugin unter meinen Kollegen als auch durch meine Tätigkeit selbst.

Wie ist es bei dir? Welchen Weg hast du eingeschlagen und wie geht es dir damit? Diese Frage kannst nur du selbst beantworten. Vielleicht bist du glücklich in deinem Job und ruhig in deinem Herzen. Dann ist es gut so. Sei weiterhin Teil deines Teams und bete, dass Gott diese Menschen vielleicht genau durch dich erreichen kann. Vielleicht ergibt es sich ja irgendwann sogar, dass du Kollegen mal zum Gottesdienst oder in einen Alpha-Kurs einladen kannst? Gott kann auch mit einer Arbeitsstelle in einem nicht explizit christlichen Kontext sehr viel durch dich bewirken.

Vielleicht hast du aber auch dieses Gefühl im Herzen, dass du nicht an der richtigen Stelle bist und Gott noch etwas anderes mit dir vorhat. Wenn diese Sehnsucht nach etwas anderem bleibt und dich nicht mehr loslässt, dann spüre ihr nach und bete dafür, dass Gott dir neue Türen öffnet. Frage ihn, was *er* mit dir vorhat und suche seinen Weg für dein Leben. Es kann jedoch sein, dass dieser Weg nicht gerade der bequemste ist. Es kann sein, dass du sichere Verhältnisse aufgeben und vielleicht sogar an einem anderen Ort ganz von vorn beginnen musst. Aber die Sache ist es wert, dass du ihr nachgehst.

Ja, vielleicht deutet deine starke Sehnsucht im Herzen tatsächlich darauf hin, dass Gott mit dir neue Wege einschlagen will, dann fasse Mut und schlage ihn ein. In meinem Fall war die Zeit auf der Bibelschule sehr hilfreich, um meine Berufung zu erkennen. Vielleicht wäre das auch etwas für dich?

Als ich selbst damals die bohrende Frage nach der Bedeutung meines Lebens in meinem Herzen bewegte, meldete ich mich bei einer Bibelschule an und wollte dort meinen konkreten Platz im Leben herausfinden: Was hatte Gott mit mir vor? Wovon träumte er, wenn er an mich dachte? Welche Stärken und Talente deuten auf welchen Weg für mich hin? Ich studierte fleißig die Bibel und lernte viel „über Gott und die Welt". In dieser Zeit fühlte ich mich deutlich und unmissverständlich von Gott geführt. Er eröffnete mir die Welt des Schreibens und ich wollte lernen, noch besser zu schreiben und mich gekonnt auszudrücken. Außerdem spürte ich in mir den tiefen Wunsch, Mädels und Frauen etwas Ermutigendes weiterzugeben. Ich wollte Andachten halten, mit ihnen ins Gespräch kommen, hören, was sie gerade bewegt, ihnen Hoffnung schenken und mit ihnen beten.

Auch in diesem Bereich taten sich Möglichkeiten für mich auf und ich bin heute noch für jeden einzelnen Schritt dankbar, den ich in diese Richtung gehen durfte. Mit diesen zwei Aha-Momenten im Herzen verließ ich die Bibelschule und war mehr als zufrieden. Das waren also zwei Richtungen, in die ich weiterdenken konnte. Mit jedem weiteren Jahr sammelte ich mehr Erfahrungen in beiden Bereichen: Ich fing an, Bücher zu schreiben, und wurde als Referentin auf Frauen- und Mädchenevents eingeladen.

Und nach meiner beruflichen Umorientierung darf ich nun in einem Job arbeiten, mit dem ich an Gottes Reich bauen darf und sehr zufrieden bin. So oft fühle ich jetzt eine tiefe Freude in meinem Herzen, weil ich mich mit meinen Aufgaben so wohlfühle und spüre, dass ich dabei genau in meinem Element bin. Ich liebe dieses „kreative Fahrwasser", in dem ich schwimme, und dass ich erleben darf, dass meine Arbeit wirksam ist und Früchte trägt. Dafür bin ich Gott unendlich dankbar. Ich weiß, er liebt mich und hat noch viele Träume für mich, die er mir Stück für Stück zeigen möchte. Hast du deinen Platz im Leben schon gefunden?

## Mitten ins Leben

Was ist dein Element? Worin tauchst du am liebsten ab und lässt dich von deiner Leidenschaft antreiben? Hast du einen Beruf gefunden, der für dich mehr ist als eine reine „Geldbeschaffungsmaßnahme"? Erkennst du in deinem Beruf Möglichkeiten, mit deinem Handeln und Reden auf Jesus hinzuweisen, oder gibt es Momente, in denen du diese bohrende Sehnsucht nach etwas anderem fühlst? In welche Richtung könnte sich dein Weg entwickeln?

## Alltagstipp

Mach doch mal eine kleine Analyse des Istzustands in Bezug auf deine aktuelle Arbeitsstelle. Wenn du glücklich und zufrieden bist – top. Wenn du in dir jedoch immer wieder diese Unzufriedenheit spürst, dann unterdrücke sie nicht einfach und hangele dich von Tag zu Tag, sondern treffe bewusste Entscheidungen und gehe im Dialog mit Gott Schritte hinein in ein Leben, das besser zu dir und deinen Fähigkeiten passt. Ich wünsche dir Gottes Segen und viel Mut dabei!

# Das Leben mit der eigenen Handschrift schreiben

> Du hast mich mit meinem Innersten geschaffen,
> im Leib meiner Mutter hast du mich gebildet.
> Psalm 139,13

Ich liebe meine Mama wirklich von Herzen. Sie ist eine starke Frau, die für mich und meine fünf jüngeren Schwestern immer eine gute Mutter war und ist. Wenn ich meine Augen schließe und an meine Kindheit und Jugendzeit zurückdenke, kommen mir viele schöne Situationen mit meiner Mama in den Sinn. Sie hatte jederzeit ein offenes Ohr für mich und ich konnte mit ihr prima über alles sprechen, was mich in meinem Alltag bewegt und was ich erlebt hatte. Sie hat mich ermutigt, wenn ich nicht weitergehen wollte. Sie hat für mich gebetet, wenn ich vor einer Herausforderung stand. Sie hat mir Liebe gezeigt, wenn es mir nicht gut ging. Natürlich verblassen diese Kindheitserinnerungen im Laufe der Zeit, doch zurück bleibt ein wohliges Gefühl und die Gewissheit, die Kindheit in einem warmen Nest voller Liebe und Geborgenheit verbracht zu haben.

Als Teenager hatte ich immer wieder mit Minderwertigkeitskomplexen zu kämpfen, mit Unsicherheiten und vielen Fragen. Immer wieder hatte ich das Gefühl, nicht gut genug zu sein. Auch in dieser Zeit war meine Mama eine starke Heldin, die an meiner Seite stand – die an meiner Seite *kämpfte* und die einfach immer für mich da war. Natürlich war nicht alles immer rosarot. Gerade in der Pubertät kam es manchmal auch zu gegenseitigen Verletzungen. Wir mussten uns in dieser neuen Phase erst einmal zurechtfinden, aber immer wieder fanden wir zueinander und konnten an unserer guten Beziehung festhalten.

Mit zweiundzwanzig Jahren zog ich schließlich aus, um meine erste Arbeitsstelle anzutreten und später mein Bibelstudium. Das war natürlich ein richtiger „Break", der ganz schön wehtat, aber mich gleichzeitig mehr in meine Selbstständigkeit brachte. Ich vermisste meine Familie und besonders meine Mutter sehr. Was zunächst wie eine Phase erschien, die irgendwann wieder zu Ende gehen würde, war der Anfang meines neuen, eigenen Lebens. Ich werde nie vergessen, wie ich einmal mit angewinkelten Beinen auf dem Boden meines WG-Zimmers saß und mit meiner Mama telefonierte. Ich hatte schon ein Jahr Bibelschule hinter mir und sprach mit ihr darüber, dass ich gern ein weiteres Jahr dranhängen würde. Zu diesem Zeitpunkt wurde uns beiden irgendwie klar, dass ich nie wieder zu Hause einziehen würde. Warum, weiß ich nicht. Wir spürten einfach, dass ich auf meinem

Weg weiter nach vorne und nicht zurückgehen würde. Es war ein weiterer Moment des Abschieds und Loslassens.

Anschließend zog ich in eine andere Stadt, fand dort meine Berufung und damit verbunden auch meinen Platz im Leben. Immer wieder machte ich mich jedoch auf den Weg nach Hause – in manchen Zeiten vielleicht zu oft, in anderen vielleicht zu selten. Jedes Mal verabschiedete mich meine Mutter an der Haustür herzlich mit lieben Worten und winkte mir dann nach, bis ich außer Sichtweite gefahren war – in das Abenteuer meines neuen Lebens. Unsere Verbindung war die allermeiste Zeit richtig gut, warm und liebevoll. Aber gerade für diese gute Beziehung war es wichtig, dass ich meinen eigenen Weg fand und *gestaltete*.

„Du hast mich mit meinem Innersten geschaffen, im Leib meiner Mutter hast du mich gebildet." So heißt es in Psalm 139,13. Gott hat sich das so überlegt, dass ich im Bauch meiner Mutter heranwachse; dass ich ihr dort so nah war wie keinem anderen Menschen. Sie hat mich geboren und mich dann, zusammen mit meinem Papa, erzogen und versorgt. Die Bindung zu den eigenen Eltern ist bestenfalls eine innige und herzliche, doch irgendwann ist es dran, sich bewusst abzunabeln. Das ist schmerzhaft, keine Frage. Je nachdem, wie man selbst gestrickt ist, ist es für die Mutter schwieriger als für die Tochter oder andersherum.

Ich glaube, in meinem Fall fiel es uns beiden gleichermaßen schwer. Dieser innere Kampf zwischen „Ich will meiner Mutter gefallen und alles genauso machen, wie sie es sich wünscht" und „Einiges mag ich auch nicht und möchte es gern anders handhaben" war manchmal kaum auszuhalten. Der Prozess des Abnabelns tut weh und kostet Kraft, aber er ist ein wichtiger Meilenstein. Er ist so wichtig, weil wir nur so zur Gestalterin unseres eigenen Lebens werden können und lernen, selbstbewusst Entscheidungen zu treffen und Verantwortung zu übernehmen.

Manchmal kann es sein, dass man diesen Loslösungsprozess bewusst beschleunigen will und dabei vielleicht auch mal übers Ziel hinausschießt. Das passiert und gehört irgendwie auch dazu. Ich hatte zum Beispiel in einem Jahr total Lust, Heiligabend einmal anders zu gestalten und erst am ersten Weihnachtstag zu meinen Eltern zu fahren. Das war für sie schon ein kleines Drama, weil sie es absolut nicht verstehen konnten und mich sehr gern dabeigehabt hätten. Auch wenn es mir damals schwerfiel, diesen Erwartungsdruck auszuhalten, war meine Entscheidung gut. Denn durch diesen Schritt betrat ich einen neuen Freiraum und bekam ein neues Selbstverständnis als erwachsene Frau, die ihr Leben in die Hand nehmen und nach ihren Vorstellungen gestalten darf. Auch andere Schritte waren auf dem Weg der Abnabelung wichtig. Es gab Zeiten, in denen ich bei jeder Herausforderung und jedem kleinen Problem meine Mutter angerufen habe. Irgendwann erkannte ich, dass das weniger werden musste und ich nicht permanent von den Ratschlägen meiner Mutter abhängig sein sollte.

Gott hat uns Eltern geschenkt, damit sie uns bei unseren Schritten ins Leben helfen, uns unterstützend zur Seite stehen und bestenfalls immer wieder anfeuern und Rückendeckung geben, wenn wir Ermutigung brauchen. Aber irgendwann sind wir erwachsen und dürfen selbst losstiefeln. Wir dürfen die noch weißen Seiten unseres Lebensbuches mit den eigenen Farben bemalen, unsere eigenen Welten entdecken und beginnen, unsere Lebensgeschichte mit der eigenen Handschrift zu schreiben.

Meine Mama ist und bleibt die Frau, die mich wohl am meisten geprägt hat. Und heute kann ich sogar sagen, dass mir meine Mama mit der Zeit auch immer mehr zu einer guten Freundin geworden ist. Natürlich bleibt sie meine Mutter, dennoch begegnen wir uns heute viel mehr auf Augenhöhe, lassen uns gegenseitig unsere Freiheiten, schätzen uns so, wie wir sind, und genießen jeden Moment miteinander. Genauso empfinde ich es als sehr gesund und richtig. Hätte ich mich nicht von meiner Mama abgenabelt, wäre ich heute nicht die, die ich bin. Ich darf die Prägung durch die Erziehung meiner Eltern dankbar annehmen, aber dann mit all diesen guten Dingen im Rucksack meinen eigenen Weg finden.

## Mitten ins Leben

Wie erlebst du das Verhältnis zu deiner Mutter? Worin war und ist sie dir ein Vorbild? Wie ging es dir in deinem Prozess der Abnabelung? Konntest du dich wirklich abnabeln oder ist es noch dran für dich? Wofür bist du dankbar, wenn du an deine Mama denkst?

## Alltagstipp

Wie kannst du deiner Mutter heute zeigen, dass du sie wertschätzt und liebst? Schenk ihr doch einfach mal ein paar warme Worte oder mach ihr eine kleine Freude mit etwas, was sie mag. Vielleicht schenkst du ihr ihre Lieblingsblumen, hilfst ihr bei einer Aufgabe im Haus oder besuchst sie einfach mal wieder?

# Küsse den Moment, denn er ist kostbar!

Genieße jeden flüchtigen Tag,
denn das ist der Lohn für deine Mühen.
Prediger 9,9

Dieser Moment, wenn man gerade am Backen ist und plötzlich denkt: „Och, jetzt mit einer Freundin treffen wäre auch ganz schön." Oder wenn man sich einen gemütlichen Abend mit dem Liebsten auf der Couch gönnt und sich dann überlegt: „Hm, vielleicht wäre Partymachen mit der Clique auch cool gewesen ..." Oder aber man sitzt gerade bei einem leckeren, selbst gekochten Essen und denkt schon wieder daran, dass man gleich die ganze Küche aufräumen muss, anstatt einfach erst mal zu genießen, was man da gerade Köstliches zubereitet hat. Das „Im-Hier-und-Jetzt-Sein" fällt mir schwer, weil ich mit meinen Gedanken oft gleichzeitig bei einer anderen Sache bin. Das ist ja auch verständlich bei all den Möglichkeiten, wie man sein Leben und jeden einzelnen Tag gestalten könnte, oder? Man könnte schließlich noch so viel anderes tun ...

Was man gerade erlebt, gehört bald schon wieder der Vergangenheit an und hinterlässt einen Hunger nach mehr: Nach dem nächsten schönen Moment, nach dem nächsten tollen Event, nach dem nächsten leckeren Essen. Ruhelos ist die Seele, ruhelos ist das Herz. Unbewusst haben wir die Einstellung: Was wir gerade erleben ist zwar ganz nett, aber so richtig genial wird bestimmt erst das, was noch kommt. Doch dieses Lebensgefühl macht müde, matt, antriebslos. Das ständige Streben nach dem nächsten wundervollen Moment reibt die Seele wund.

Warum ist es so schwer, das Glück im aktuellen Moment zu finden? Warum ist es so schwer, das Jetzt voll auszukosten – lebendig, intensiv und genussvoll? Warum ist es so schwer, im Alltäglichen den Glanz des Besonderen zu entdecken? Irgendwie scheint sich unsere perfektionistische Vorstellung von einem guten Leben vor unser echtes Leben zu stellen. Wir träumen von einem Leben, in dem wir keinen Herausforderungen mehr ausgesetzt sind, in dem wir keine unerfüllten Sehnsüchte kennen, in dem alles glattläuft und wir zudem noch den perfekten Körper haben. O ja, dann würden wir unser Leben so richtig genießen können! Aber dieses Leben gibt es nicht – zumindest nicht auf dieser Seite der Ewigkeit.

Deshalb sollten wir uns von diesen schimmernden Traumvorstellungen lösen und das echte Leben begrüßen. Und Leid, Trauer und Schwierigkeiten gehören nun einmal zu diesem echten Leben dazu. Das Leben bleibt immer eine Baustelle.

Das Leben ist immer nur halb fertig. Es wird immer Bereiche geben, die besser laufen könnten und die Gebet und Arbeit brauchen. An diesen Zustand müssen wir uns leider gewöhnen. Wenn wir das nicht wahrhaben wollen, werden wir den „Geschmack des echten Lebens" nie genießen und die Schönheit darin finden können.

Salomo wird im Buch Prediger ziemlich melancholisch. Er stellt fest, dass die ganze „Lebensmüh" ins Leere läuft und ihm sein Leben zwischen den Fingern zerrinnt. Daraufhin formuliert er den berühmten Satz: „Alles ist eitel und Haschen nach Wind" (Prediger 2,17; LU). Was für eine frustrierende Feststellung!

Aber vielleicht hast du das auch schon einmal gedacht? Vielleicht kennst du selbst solche Zeiten, in denen sich alles irgendwie leer und sinnlos anfühlt? Bei mir stellt sich dieses Gefühl manchmal nach einem beendeten Projekt ein, in das ich mein ganzes Herzblut und meine ganze Kraft investiert habe.

Dieses Gefühl, dass alles vergeblich ist, beschleicht uns vor allem aber dann, wenn wir in einer Lebenskrise stecken und keinen Weg mehr sehen – wenn wir uns beispielsweise unserer Berufung nicht mehr sicher sind, wir unsere Arbeitsstelle verloren haben oder plötzlich mit Krankheit oder Verlust eines geliebten Menschen konfrontiert werden. In diesen Zeiten prallt die Sehnsucht nach einem erfüllten und vor Glück überfließenden Leben auf die kalte Realität. Dann entsteht schnell dieses Gefühl, dass alles keinen Sinn ergibt und irgendwie enttäuschend ist. Wenn das Glück sowieso nur so flüchtig ist wie ein scheues Reh, hat man doch wirklich allen Grund, melancholisch zu werden, oder? Wie sonst sollte man auf die Vergänglichkeit des Lebens und Glücks reagieren?

Nun, Salomo findet hier ziemlich drastische Worte. Er schreibt: „Wer lebt, hat noch Hoffnung, denn ein lebendiger Hund ist besser dran als ein toter Löwe! [...] Also iss dein Brot, trink deinen Wein und sei fröhlich dabei! Denn Gott hat schon lange sein Ja dazu gegeben. Trag immer schöne Kleider und salbe dein Gesicht mit duftenden Ölen! Genieße das Leben mit der Frau, die du liebst, solange du dein vergängliches Leben führst, das Gott dir auf dieser Welt gegeben hat. Genieße jeden flüchtigen Tag, denn das ist der Lohn für deine Mühen" (Prediger 9,4-9).

Es scheint, als setzt er nach seinen melancholisch-depressiven Gedankengängen einen Punkt. Er besinnt sich darauf, dass er noch am Leben ist und dass er sein Leben noch immer schön gestalten kann. Damit hat Salomo so recht: So lange wir leben, können wir die Schönheit im Leben suchen und genießen und Gott für all die Hoffnungsfunken in unserem Alltag danken. Solange wir leben, können wir mitten im grauen Alltag eine Kerze anzünden, an einem normalen Wochentag ein Fest feiern, das Glück in jeder Umarmung finden, die Liebe und das Geschenk von echter Freundschaft zelebrieren und wenn das Leben wirklich einmal schwer sein sollte, können wir in Gottes Armen übernatürlichen Trost finden und Momente geschenkt bekommen, in denen es wieder heller in uns wird. So lange wir leben, können wir dankbar sein und genießen – trotz unvollkommener Rahmenbedingungen oder einer unklaren Zukunft.

Gerade in Zeiten, in denen es uns schwerfällt, den Moment zu genießen, dürfen wir uns voller Vertrauen an Gott halten, weil er gute Gedanken für unser Leben hat, wie es der Prophet Jeremia schreibt: „Denn ich allein weiß, was ich mit euch vorhabe: Ich, der Herr, habe Frieden für euch im Sinn und will euch aus dem Leid befreien. Ich gebe euch wieder Zukunft und Hoffnung. Mein Wort gilt!" (Jeremia 29,11). Und weil Gott die Kontrolle über mein Leben hat, darf ich es jeden Augenblick genießen. Deshalb will ich den Moment, den ich jetzt gerade in meiner Hand halte, umarmen, küssen und feiern. Ich habe nicht mehr als ihn. Nur diesen einen Moment kann ich gestalten, nicht den nächsten – genau deswegen ist er so kostbar!

## Mitten ins Leben
Fällt es dir leicht, gedanklich „ganz bei der Sache" zu sein? Wenn nicht, was könnte dir helfen, mehr im „Hier und Jetzt" zu leben anstatt gedanklich schon beim nächsten Moment, beim nächsten Tag zu sein?

## Alltagstipp
Gehe auf deine Terrasse, setze dich bequem hin und dann nimm alles ganz bewusst wahr, was um dich herum passiert: Was siehst du? Was hörst du? Was fühlst du? Was schmeckst du? Vielleicht hilft es dir, deine Eindrücke aufzuschreiben. Komme im Hier und Jetzt an und danke Gott für genau diesen Moment.

# Zwischen den Welten

Denn auf dieser Erde gibt es keine Stadt,
in der wir für immer zu Hause sein können.
Sehnsüchtig warten wir auf die Stadt,
die im Himmel für uns erbaut ist."
Hebräer 13,14

Während meines Bibelstudiums in Bornheim pendelte ich zwischen zwei Welten. Die meisten Wochenenden verbrachte ich in meiner Heimat Waldbröl, um die Freundschaften dort aufrechtzuerhalten und den Draht zu meiner Heimatgemeinde nicht zu verlieren. Unter der Woche lebte ich in meiner WG in meinem Studienort Bornheim und verbrachte die Zeit mit meinen Mitbewohnern und Studienkollegen. Immer und immer wieder war Kofferpacken angesagt. Ich weiß nicht, wie oft ich die Strecke zwischen Bornheim und Waldbröl fuhr, doch immer wieder fühlte ich dabei einen kleinen

Stich im Herzen. Wohin gehörte ich wirklich? Gehörte ich nach Bornheim oder gehörte ich nach Waldbröl? Was war wirklich mein Zuhause? Manchmal war ich diesen unaufhörlichen Wechsel zwischen zwei Orten einfach nur leid, aber ich konnte und wollte mich in dieser Situation auch nicht für einen Heimatort entscheiden.

Ich erinnere mich noch an einen anderen „Zwischen-den-Welten-Moment", als ich Single war und am zweiten Weihnachtsfeiertag aufbrach, um für eine Woche eine Freundin in Norwegen zu besuchen. Ich reiste wirklich sehr gern und hatte mich schon sehr auf den Trip gefreut. Am Abreisetag fiel es mir dennoch unglaublich schwer, meinen Koffer zu packen. Eigentlich gab es dafür ja einen tollen Anlass, aber plötzlich machte es mich traurig, dass ich jetzt mit meinem Koffer zum Flughafen aufbrechen musste, während alle meine Schwestern mit ihren Partnern gemütlich Weihnachten ausklingen lassen konnten. Warum hatte ich noch keinen Partner und damit einen „Fixpunkt" im Leben, bei dem ich endlich ankommen konnte?

Unterwegs zu sein war in dieser Zeit meine große Leidenschaft, aber hätte ich damals die Möglichkeit gehabt, statt meiner Reise daheimzubleiben und einen Partner zu haben, wäre es keine Frage gewesen, wie ich mich entschieden hätte. Später hatte ich dann eine Beziehung, aber wirklich angekommen fühlte ich mich trotzdem nicht. Wieder war ich innerlich in einem Zwischenland: Sollte ich den Schritt wagen und diese Beziehung, in die wir als Paar schon so viel investiert hatten, beenden? Sollte von jetzt auf gleich unsere Beziehung Geschichte sein? Was würde danach kommen? Wo gehörte ich hin, wenn nicht zu diesem Mann? Und wie würde es mir wieder als Single gehen?

In dieser Zeit plagten mich heftige Zweifel und ich fühlte mich in einer Ausweglosigkeit gefangen. Aus der Beziehung rausgehen? Das konnte ich mir nicht vorstellen. Die Beziehung weiter aufrechterhalten? Nein, das war auch keine Option. Beide Wege schienen mir unmöglich. Mitten in meinen Zweifeln schenkte Gott mir in einer Lobpreiszeit eine Vision: Ich war allein in einem düsteren Wald unterwegs. Weit und breit war keine einzige Menschenseele, als ich einige Meter vor mir plötzlich ein Waldhaus erblickte. Es wirkte sehr gemütlich und einladend. Warmes Licht schien durch die Fenster nach draußen. Mir war klar: In diesem Haus war Gott. Er wohnte dort und lud mich ein. Ich musste nicht allein weiter durch den finsteren Wald laufen – ich durfte bei ihm einkehren. Einfach bei ihm sein. Und ankommen.

Durch diese Vision erkannte ich: Ich bin nicht heimatlos – ich gehöre zu Gott. Dieses Wissen nahm mir die Angst vor der Einsamkeit und gab mir die Kraft, aus der Beziehung zu gehen und mit Gott an meiner Seite mein Leben neu zu gestalten. Ich wagte den Schritt heraus aus dem Zwischenland ins Neuland. Und immer, wenn ich traurig wurde, klopfte ich gedanklich bei Gott an die Tür. Immer und immer wieder flüchtete ich zu ihm – in sein und mein Zuhause, wo mich Wärme und Geborgenheit empfingen.

Vielleicht kennst du auch solche Zeiten in deinem Leben, in denen du dich nach Halt und Geborgenheit sehnst, weil du spürst: Ich bin noch nicht angekommen. Ich bin noch unterwegs. Vielleicht sind es Zeiten, in denen du dich einsam fühlst. Vielleicht sind es Zeiten, in denen du mit Verlust oder großen Veränderungen zu kämpfen hast und deine Grundsicherheit plötzlich nicht mehr gegeben ist. Es gibt immer wieder diese Zeiten, in denen wir innerlich und/oder äußerlich zwischen zwei Welten leben und uns nach einem Zuhause sehnen.

Vielleicht spricht der Bibelvers aus Hebräer 13,14 genau in solche Situationen hinein: „Denn auf dieser Erde gibt es keine Stadt, in der wir für immer zu Hause sein können. Sehnsüchtig warten wir auf die Stadt, die im Himmel für uns erbaut ist." Unser wahres Zuhause ist kein bestimmter Wohnort oder eine bestimmte Person – unser wahres Zuhause ist Gott und später einmal sein wunderbarer Himmel. Wir dürfen uns in unsicheren Zeiten fest in ihm verankern. Bei Gott dürfen wir uns fallen lassen, Frieden finden und Geborgenheit erfahren. Einmal ganz zur Ruhe kommen. Jederzeit dürfen wir zu ihm flüchten – gerade dann, wenn wir Ängste und Sorgen haben. Gerade dann, wenn uns Einsamkeit quält. Gott will unser Fixpunkt, unser Anker, unsere Heimat sein.

## Mitten ins Leben

Fühlst du dich momentan „angekommen" und aufgehoben in deinem Leben? Woraus ziehst du deine Sicherheit und Kraft? Wie kannst du lernen, dir Gottes „Haus" präsenter vor Augen zu halten und darin immer wieder Zuflucht zu finden?

## Alltagstipp

Welches Bild entsteht in deinem Kopf, wenn du an absolute Sicherheit, Ruhe und Geborgenheit denkst? Verknüpfe Gott mit diesem Bild und lass dich von ihm zu diesem inneren Ort führen, wenn du wieder einmal „zwischen zwei Welten" unterwegs bist und dich nach Heimat sehnst. Er liebt es, dein Zufluchtsort zu sein.

# Glaube, der aus den Kinderschuhen herauswächst

Als Kind redete, dachte und urteilte ich wie ein Kind. Doch als Erwachsener habe ich das kindliche Wesen abgelegt. Jetzt sehen wir nur ein undeutliches Bild wie in einem trüben Spiegel. Einmal aber werden wir Gott von Angesicht zu Angesicht sehen. Jetzt erkenne ich nur Bruchstücke, doch einmal werde ich alles klar erkennen, so deutlich, wie Gott mich jetzt schon kennt.
1. Korinther 13,11+12

Der erste Arbeitstag nach meinem Volontariat – ich kann mich noch gut an ihn erinnern. Voller Euphorie startete ich in meine neue Arbeitsstelle. Alles war einfach nur schön. Die

Kollegen waren nett. Mein Büro sah toll aus. Die Aufgaben passten zu mir. Ich hatte viele bunte Ideen im Kopf und wollte am liebsten sofort kreativ werden. Es war meine absolute Traumstelle. Ich war so richtig beflügelt, konnte endlich „abheben" und durchstarten. In dieser Anfangszeit war ich super gern auf der Arbeit und wollte gar nicht mehr nach Hause. Aber irgendwann ließ die Freude nach. Die Arbeit war in Ordnung – aber nicht mehr ein Traum. Sie hatte immer noch schöne Seiten, aber es gab inzwischen auch einige Knackpunkte. Die anfängliche Euphorie ließ nach und irgendwann musste ich eine Entscheidung treffen: *Bleibe ich, auch wenn nicht alles super ist?*

Ähnlich ist es im Glauben. Man kann dieses Phänomen besonders bei Menschen beobachten, die Jesus erst als Erwachsene kennengelernt haben. Zuerst sind sie völlig aus dem Häuschen und bis über beide Ohren in Jesus verliebt, sie beschäftigen sich gern und viel mit der Bibel, gehen zu sämtlichen Gemeindeveranstaltungen und freuen sich, dass ihr Leben dank Jesus so eine gehörige Kehrtwende genommen hat. Sie haben gehört: Gott kann alles und mit ihm kann man über Mauern springen. Alles erscheint rosarot, leicht und problemlos zu sein – und zu bleiben. Aber dann kommen die ersten Herausforderungen. Gott meldet sich nicht mehr gleich zu Wort, obwohl man ihn gerade doch so dringend gebraucht hätte. Dann kommen Leiderfahrungen hinzu, die sich nicht von dem einen auf den anderen Tag klären lassen, und plötzlich fragt man sich, wo Gott in all dem eigentlich noch ist – und die Euphorie lässt schlagartig nach. Vielleicht erleben wir sogar so heftige „Schicksalsschläge", dass unser Leben in den Grundfesten erschüttert wird. Spätestens in diesen Lebensphasen brauchen wir dann einen Glauben, der aus den Kinderschuhen herausgewachsen ist. Der Kinderglaube „Gott ist gut, wenn es mir gut geht" trägt dann nicht mehr. Wir müssen uns mit unangenehmen Fragen konfrontieren: Was ist mit Gottes Güte und seiner Fürsorge, wenn es mir schlecht geht, wenn ich krank werde, wenn mein Leben total aus den Fugen gerät? Ist Gott wirklich allmächtig und wenn ja, warum gibt es dann das ganze Leid in der Welt, das er offensichtlich zulässt? Wie passt diese kaputte Welt, wie passt dieses kaputte Leben mit einem Gott zusammen, der doch alles sekundenschnell verändern könnte?

Alle diese Fragen münden in der einen großen: Wie ist Gott wirklich? Welches Bild habe ich von ihm? Und woher habe ich dieses Bild? Habe ich es einfach übernommen – von der Gemeinde, in die ich seit meiner Kindheit gehe, oder von meinen Eltern? Oder habe ich es auf meinen eigenen Erfahrungen und Erkenntnissen gegründet? Was glaube ich eigentlich und warum? In welcher Konfession, in welcher Strömung fühle ich mich am wohlsten?

Es ist in geistlicher Hinsicht überlebenswichtig, dass nicht nur wir, sondern auch unser Glaube irgendwann erwachsen wird; dass er reift, sich verändert und neu aufstellt; dass wir mündige Christen werden mit einem krisenfesten Fundament. Natürlich tut es weh, wenn das naive, kindliche Denken erschüttert wird. Es tut weh, wenn die kleine Box, in die wir Gott all die Jahre gesteckt haben, plötzlich anfängt zu rumoren. Aber es ist unumgänglich, dass wir uns von unseren kindlichen Vorstellungen über Gott und die Welt befreien. Erst dann kann sich unsere Beziehung zu Gott vertiefen und unser Glaube wachsen. Und im Laufe dieses „Wachstumsschubs" dürfen wir erkennen: Gott ist gut. Das ist die Wahrheit – egal wie unsere Umstände gerade aussehen und egal wie groß das Leid ist, das ich gerade durchlebe. Gott liebt mich grenzenlos und bedingungslos und nicht nur dann, wenn ich gerade etwas Tolles geleistet habe und mich gut fühle.

Wenn unser Glaube aus den Kinderschuhen herausgewachsen ist, verstehen wir auch, dass Gott uns manchmal anders beschenkt, als wir es uns erhofft oder erwartet hätten. Seine Geschenke sind nicht immer die offensichtliche Erfüllung unserer Wünsche wie zum Beispiel neue Kleidung, ein toller Partner oder finanzielle Sicherheit. Manchmal schenkt er auch „nur" inspirierende Begegnungen, tiefen Frieden, eine neue Perspektive oder eine innere Ruhe mitten im Sturm des Lebens. Das Bild von Gott wird größer und damit auch das Unvermögen, ihn in unserer kleinen Box mitzutragen. Gott ist Gott – und kein Mensch. Er ist so viel größer, so viel höher und so viel unbegreiflicher als wir es für möglich halten. Er passt sich nicht unseren Vorstellungen an und lässt sich nicht von uns „benutzen", so wie wir es gerade für richtig halten. Er bricht aus dem kleinem Raum aus, in den wir ihn manchmal gern einsperren wollen.

Paulus schreibt im 1. Korintherbrief: „Als Kind redete, dachte und urteilte ich wie ein Kind. Doch als Erwachsener habe ich das kindliche Wesen abgelegt. Jetzt sehen wir nur ein undeutliches Bild wie in einem trüben Spiegel. Einmal aber werden wir Gott von Angesicht zu Angesicht sehen. Jetzt erkenne ich nur Bruchstücke, doch einmal werde ich alles klar erkennen, so deutlich, wie Gott mich jetzt schon kennt" (1. Korinther 13,11+12). Er beschreibt so schön, wie sich unser Denken verändert und mit der Zeit ebenfalls erwachsen wird. Was immer klar war, stellen wir plötzlich infrage und kommen zu neuen Schlüssen. So verändert sich mit den

Jahren unser Erkenntnisstand. Er wächst stückweise. Man macht herausfordernde Erfahrungen, in denen man Aha-Momente mit Gott erlebt und ihn von einer ganz neuen Seite kennenlernt.

Dieser Prozess des geistlichen Wachsens ist nötig, auch wenn er nicht leicht ist und durchaus schmerzhaft sein kann. Doch die Alternative wäre, dass man die Kinderschuhe anbehält und versucht, in ihnen weiterzulaufen. Dann passiert Folgendes: Man gerät in schwierige Zeiten und Gott handelt nicht so, wie man es mit seinem kindlichen Glauben erwartet hätte. Er hat uns zum Beispiel nicht den Traumjob oder den Traummann geschenkt, um den wir schon so lange gebetet haben – und was jetzt? Wenn man dann nicht bereit ist, seinen Glauben zu hinterfragen, kommt man vielleicht zu dem tragischen Schluss: *So einen Gott brauche ich nicht. Dann lieber keinen!* So verpassen wir die Gelegenheit, dass unsere Beziehung zu Gott wachsen und tiefer werden kann. Wir verpassen die Gelegenheit, unser Leben nach Gottes Maßstäben zu bewerten und ganz neue Prioritäten zu setzen.

Genauso wie wir selbst uns mit den Jahren verändern, sollte sich auch unser Glaube an Gott verändern. Gott sollte nicht in einer Box bleiben, die wir nur ab und zu einmal aufmachen, um ihm einen kurzen bewundernden Blick zuzuwerfen. Wir erleben viel mehr mit Gott, wenn wir ihm keine Begrenzungen setzen und uns von ihm führen lassen. So kann er in unserem Leben eine Dimension einnehmen, wie wir es nie für möglich gehalten hätten. Er ist um so viel größer und facettenreicher als wir denken und kann sich uns genauso zeigen – wenn wir ihm nicht nur den Platz in unserer kleinen Box zur Verfügung stellen. Bist du bereit, Gott aus deiner Box zu lassen?

## Mitten ins Leben

Hat sich dein Glaube mit den Jahren verändert? Wie hat er sich verändert? Was ist gleich geblieben? Wo hat die Veränderung wehgetan? Wo war sie heilsam?

## Alltagstipp

Genieße es, wenn du neue Facetten von Gott kennenlernst und sei offen dafür. Lass es zu, dass er deine alten Überzeugungen infrage stellt. Lass es zu, dass er nicht immer so greifbar ist, wie du es gern hättest. Lass es zu, dass deine Liebe zu ihm echter, reifer – und erwachsener wird.

# Wenn ich mit meinem Latein am Ende bin

Ich weiß weder aus noch ein.
Herr, wie lange willst du dir das noch ansehen?
[...] Ach, ich bin müde vom Stöhnen. Nachts im
Bett weine ich, bis die Kissen durchnässt und
meine Augen ganz verquollen sind.
Psalm 6,4+7

Mit Ende zwanzig zerbrach meine zweijährige Beziehung. So viele Hoffnungen, so viele Träume, so viele Wünsche waren damit zerplatzt. Warum hatte es mit uns beiden nicht funktioniert? Warum waren all unsere Versuche und Gespräche ins Leere gelaufen? Warum gab es keine gemeinsame Zukunft für uns? In mir waren Trauer und viele Fragen. Wie sollte es jetzt für mich weitergehen? Mein Herz war gefüllt mit Zweifeln und Schmerz. Es fiel mir schwer, den Alltag zu bewältigen. Immer wieder litt ich unter der drückenden Last meiner unaufgeräumten Seele.

So fasste ich mir eines Tages ein Herz und setzte mich in mein Lieblingscafé. Vor mir stand mein Laptop, neben mir ein leckeres Stück Käsekuchen und ein guter Latte macchiato. Dann konnte es losgehen. Ich schrieb auf, was ich in der Beziehung genossen hatte – und was mir gefehlt hatte, was ich loslassen wollte, wovor ich Angst hatte, wenn ich an die Zukunft dachte, und was mein Gebet für meinen Exfreund war. Als ich damit fertig war, schrieb ich auch alles andere auf, was ich in Sachen Liebe schon erlebt hatte und was mich immer noch beschäftigte: Jede zerplatzte Date-Geschichte, jede zerbrochene Beziehung und all die Situationen, in denen Gefühle auf meiner oder auch auf der anderen Seite unerwidert geblieben waren. Einfach alles schrieb ich mir aus dem Herzen. Das Dokument nannte ich dann: „Beziehungskisten und der ganze Kram." Ich stellte mich meinem Schmerz und wollte ihn loswerden. Ich wollte endlich wieder aufatmen können und Freude spüren. Doch dafür musste ich mir meinen ganzen Herzschmerz erst noch einmal genau anschauen – und vor allem Gott darauf schauen lassen.

Auch der Psalmendichter David kam öfter in Situationen, in denen er mit seinem Latein am Ende war. Mehrfach stand er vor einem persönlichen Zerbruch und sah keinen Weg mehr, weil so viel Staub durch Schmerz, Schuld und Angst aufgewirbelt worden war, dass ihm die Sicht vernebelt wurde. Er konnte nicht mehr schlafen und wusste nicht mehr wohin mit seiner tiefen Verzweiflung. In einem solcher Momente schreibt er Psalm 6, in dem es heißt: „Ich weiß weder aus noch ein. Herr, wie lange willst du dir das noch ansehen?

[...] Ach, ich bin müde vom Stöhnen. Nachts im Bett weine ich, bis die Kissen durchnässt und meine Augen ganz verquollen sind" (Psalm 6,4+7). Er tut in seiner Bedrängnis das einzig Richtige: David wendet sich mit all seinem Schmerz und all seiner Verzweiflung an Gott. Er hat sich die Augen leer geweint und der Schmerz in seinem Herzen ist so groß geworden, dass er ihn nicht mehr ertragen kann. Also bleibt ihm nichts anders übrig, als Gott um Rettung anzuflehen. David erlebt eine große Seelennot, aber er geht durch diese schmerzhafte Phase zusammen mit Gott.

Am Ende des Psalms ist die Lösung für sein Problem immer noch nicht abzusehen. David erfährt keine konkrete Hilfe, doch ein neues Vertrauen wächst in seinem Herzen. Er ist sich sicher, dass Gott sein Flehen gehört und sein Gebet angenommen hat. Davids Herz bekommt neuen Mut inmitten dieser schweren Zeit. Plötzlich kann er wieder aufrecht gehen. Gott ist mit ihm – diese Gewissheit verändert die ganze Atmosphäre in dieser angefochtenen Situation. Die ersehnte Veränderung ist gekommen – nicht äußerlich, aber innerlich.

Wow, was für ein lehrreicher Psalm! Was für ein hilfreicher Weg, mit dem eigenen Frust und der eigenen Verzweiflung umzugehen! Was würde es *in dir* verändern, wenn auch du diesen Weg einschlagen würdest? Wie würden sich deine persönlichen Schmerzmomente verändern, wenn du sie mit dem Bewusstsein durchleben würdest, dass Gott ganz nah an deiner Seite ist? Wenn du seine Hand in deinen härtesten Lebensphasen umso fester halten würdest?

Mein „Ich-schreib-alles-auf-Moment" hatte viel in meiner Seele verändert. Ich ging damit denselben Weg, den David in seiner belastenden Situation gegangen war. Ich entleerte mein Herz vor Gott und schüttete alles bei ihm aus: all die Verzweiflung, all die Fragen und all den Frust. Nun waren alle offenen Enden und der ganze Schmerz in seiner Hand – und er sollte handeln. Ich selbst war mit meinem Latein am Ende, aber meine Hoffnung war, dass Gott auch in meinen „Beziehungskisten" den Durchblick hatte und mitten in meinem Chaos durchgreifen würde. Und ich habe bereits erwähnt, dass Gott nicht immer sofort handelt und auch nicht immer so, wie wir es uns wünschen, aber an diesem Punkt meines Lebens durfte ich erleben, wie Gott sehr schnell etwas veränderte. In den Tagen und Wochen nach meiner „Herzentleerung" konnte ich plötzlich eine ganz neue Freude empfinden und endlich wieder aufatmen. Ich hielt mich fest an Gottes Zusage, dass er alles im Blick hatte und ich keine Angst haben musste.

Natürlich war nicht jeder Tag leicht, aber immer wieder blitzte die Hoffnung auf und mein Herz war nicht mehr ganz so schwer. Allein das war schon ein Wunder und ein Zeugnis dafür, dass Gott wirklich da war und alles in der Hand hatte. Doch dann passierte das noch viel größere Wunder: Nur wenige Wochen nachdem ich meinen „Herzschmerzbrief" an Gott geschrieben hatte, lernte ich meinen heutigen Ehemann kennen! Damit toppte Gott alles, was ich jemals erwartet hätte. Schon bei unserem ersten Treffen wusste mein Herz, dass ich diesen Mann einmal heiraten würde. Genauso passierte es dann auch – nur wenige Monate später. Ja, so überwältigend hat Gott auf meine „Herzentleerung" reagiert und dafür bin ich ihm bis heute von ganzem Herzen dankbar. Natürlich muss nicht immer so etwas Krasses passieren, wenn wir beten, aber egal wie Gott antwortet oder handelt: Wir dürfen wissen, dass er unser schmerzerfülltes Herz wieder frei und leicht machen kann – und dass er den Überblick behält und ihm nichts in unserem Leben entgleitet.

## Mitten ins Leben

Gibt es aktuell einen Bereich in deinem Leben, der dir schlaflose Nächte und viel Kummer bereitet? Was würde sich verändern, wenn du Gott die Möglichkeit gäbest, dir mitten in deinem Schmerz und deiner Verzweiflung zu begegnen? Was würde passieren, wenn du in der tiefsten Verzweiflung auf seine Liebe und seine Nähe setzen würdest?

## Alltagstipp

Probiere es doch auch mal aus: Fass dir ein Herz und schreibe für Gott all deinen Schmerz und deine Fragen auf. Halte deinen Schmerz nicht fest, sondern lass ihn bei Gott los. Er kennt viel bessere Möglichkeiten und Wege als du und möchte deine Situation verändern.

# Gottes Muttersprache ist Liebe

Gott ist Liebe.
1. Johannes 4,8

Gary Chapman schreibt in seinem Bestseller „Die fünf Sprachen der Liebe", dass jeder Mensch auf ganz unterschiedliche, individuelle Art und Weise seine Liebe ausdrückt – egal ob es um die Liebe zum Partner oder der Partnerin geht oder zu unseren Mitmenschen. Dennoch hat er fünf übergeordnete „Sprachen der Liebe" erkannt: Es gibt die Liebessprache des Lobs und der Anerkennung, der Zweisamkeit, der Geschenke, die von Herzen kommen, der Hilfsbereitschaft und der Zärtlichkeit. Das Buch hat viele Ehen revolutioniert, weil die Entdeckung der Liebessprache des anderen für gegenseitiges Verständnis gesorgt hat und dadurch so viel verändert werden konnte. Wenn sich ein Mensch in einer Partnerschaft ungeliebt fühlt, obwohl der Partner immer wieder beteuert, dass er ihn liebt und sein Herz nur ihm gehört, könnte das an seiner abweichenden Liebessprache liegen. Wenn man darum weiß, fällt es viel leichter, diese andere Sprache zu erkennen und sich dann tatsächlich geliebt zu fühlen.

Ich selbst bin fasziniert von diesem Erklärungsmodell und kann die Theorie dahinter sehr gut nachvollziehen. Auch wenn für mich die Frage offenbleibt, ob ein Mensch die Liebessprache des andern so „einstudieren" kann, dass sie irgendwann zur Gewohnheit und wie eine zweite Muttersprache wird. Oder ob es immer eine Herausforderung bleibt, die Sprache des anderen zu sprechen? Ich weiß es nicht. Aber was ich weiß, ist, dass es so oder so gar nicht so einfach ist, jemanden zu lieben. Manchmal sind die eigenen Bedürfnisse ganz anders als die des Partners und manchmal hat man dann schlicht und ergreifend keine Lust, sich auf den anderen einzustellen. Man will lieber für sich sein und sein eigenes Ding durchziehen. Ja, die Liebe ist nicht einfach, manchmal kostet sie uns viel.

Die Entscheidung für eine Beziehung zu einem Menschen bedeutet auch immer wieder neu die Entscheidung, dieser Person etwas Gutes zu tun und sich darum zu bemühen, dass sie sich auch geliebt *fühlt*. Für Menschen kann das immer wieder herausfordernd sein – für Gott nicht. Gott hat jeden einzelnen Menschen geschaffen und möchte zu jedem einzelnen Menschen eine ganz individuelle Liebesbeziehung aufbauen. Und weil Gott der „Liebesexperte" schlechthin ist, braucht er keine Erklärung, wie er jemanden so lieben kann, dass er seine Liebessprache auch versteht. Für Gott ist jede der fünf Liebessprachen eine „Muttersprache". Ja, er spricht alle Liebessprachen fließend. Gott weiß sehr genau, wann was in der Beziehung zu einem Menschen dran ist und wie er ihm am besten seine Liebe zeigen kann.

In 1. Johannes 4,8 steht die schlichte und gleichzeitig wunderbare Gleichung: „Gott ist Liebe." Wo wir selbst nach Worten ringen, um das Wesen der Liebe zu beschreiben, und dabei Begriffe verwenden wie „eine lebenslange Entscheidung", „große Gefühle", „Treue und Ehrlichkeit", da braucht die Bibel nur drei Worte: Gott ist Liebe. Punkt. Gottes Wesen ist Liebe, er handelt aus Liebe und er hat uns als liebesbedürftige Wesen geschaffen, die seine Liebe empfangen können. Gott selbst kann und will unseren Liebesmangel ausfüllen und uns mit seiner Liebe beschenken – mit seiner echten, reinen und hingebungsvollen Liebe, die für uns bis in den Tod ging. Mit der größten, tiefsten und vollkommensten Liebe, die es gibt. „Niemand liebt mehr als einer, der sein Leben für die Freunde hingibt", schreibt Johannes in Kapitel 15,13. Genauso liebt Jesus uns. Er ist für jeden Menschen auf dieser Welt gestorben und hat damit alle Liebesrekorde gebrochen und die Echtheit seiner Liebe ein für alle Mal unter Beweis gestellt. Er liebt uns grenzenlos und pausenlos. In jedem Augenblick unseres Lebens. Das ist die Wahrheit, die uns in unserem hektischen und vollen Leben jedoch leider manchmal abhandenkommt.

Wenn wir uns nur noch um uns selbst drehen und vom Stress durch die Gegend gewirbelt werden, sind unsere Augen blind für die Zeichen von Gottes Liebe. Wir erkennen sie nicht mehr und fragen uns dann schnell, ob Gott uns wirklich (noch) liebt. Dabei ist seine verschwenderische und überwältigende Liebe allgegenwärtig, wir müssen uns nur immer wieder von ihr finden lassen. Jesus ist der perfekte Bräutigam, den niemand toppen kann. Er ist der leidenschaftliche

Liebhaber, der sich nach seiner Braut verzehrt und ausstreckt. Und er wünscht sich, dass sie an seiner Hand zufrieden, erfüllt und voller Dankbarkeit und Freude durchs Leben geht. Leider sieht die Realität oft anders aus. Seine Braut rennt im turbulenten Alltag ständig von ihm weg und schaut nicht auf das, was sie hat und wofür sie dankbar sein kann, sondern lediglich auf das, was ihr fehlt. Und so passiert es schnell, dass sie unzufrieden wird und sich ungeliebt fühlt. Aber das ist nicht im Sinne Gottes. Er will uns immer wieder die Augen für seine Liebe öffnen, bis sie vor Glück strahlen.

Ich bin davon überzeugt, dass Gott uns täglich kleine Zeichen seiner Liebe mitten in den Alltag hineinschickt, mit denen er uns auf kreative und liebevolle Art und Weise zeigen möchte, dass er aufmerksam mit uns unterwegs ist und unsere Liebesdürftigkeit im Blick hat. Manchmal sind diese „göttlichen Liebesbeweise" überwältigend und offensichtlich, manchmal müssen wir bewusst Ausschau nach ihnen halten. Schließlich will Jesus uns auch nicht überrumpeln, er ist eben ganz Gentleman.

Wie kann das aussehen, wenn Gott mit seiner Sprache der Liebe zu uns spricht? Bei mir war es zum Beispiel ein Kaffee, der mir einfach mal so ausgegeben wurde, ein Smiley in einem Brotlaib, der mir beim Abendessen entgegengrinste, ein eingeritztes Herz auf einem Baumstamm, das ich während eines Herbstspaziergangs entdeckte, das Stückchen Kuchen von der Nachbarin, das vor der Tür auf mich wartete, als ich von der Arbeit kam, ein unverhoffter Blumenstrauß, ein atemberaubender Himmel oder ein wunderschöner Schmetterling, der sich direkt neben mir im Gras niederließ. Ich könnte noch ewig so weitermachen … In solchen Momenten konnte ich einfach mal kurz tief durchatmen und mich darüber freuen, dass ich gerade mit einer kleinen göttlichen Liebeserklärung beschenkt worden bin.

Jede Frau spricht ihre eigene Liebessprache und braucht ganz andere Dinge, damit ihr „Liebestank" wieder aufgefüllt werden kann. Und niemand kennt diese Dinge besser als Gott. Er weiß, was wir brauchen, und will uns genau das geben – und noch viel mehr. Mal unterstützt er uns mit ordentlichem Rückenwind und lässt Dinge plötzlich ganz einfach gelingen, mal gibt er uns ein tiefes Gefühl von Vertrautheit und intensiver Nähe – eine „göttliche Quality-Time" – mal macht er uns ein besonderes Geschenk mit schönen Momenten und Erlebnissen, mal gibt er uns – vielleicht auch durch andere Menschen – Lob und Anerkennung, und manchmal berührt uns seine Liebe so tief und unmittelbar, dass es sich beinahe anfühlt, als würde Gott uns zärtlich über den Kopf streicheln oder in seine Arme nehmen. Ja, Gott kann alle Sprachen der Liebe, er liebt uns und will uns zutiefst beglücken. Also lass uns die Augen aufmachen und erkennen, wie leidenschaftlich seine Liebe für uns ist!

## Mitten ins Leben

Welche Sprache der Liebe sprichst du? Auf welche Weise hat dir Gott schon seine Liebe gezeigt? Auf welche Weise würdest du Gottes Liebe gern (noch mehr) erfahren? Wie zeigst du Gott, dass du ihn liebst?

## Alltagstipp

Stell dir ein Glas mit Brause- oder Schokoherzen an einen Platz, an dem du oft vorbeikommst im Laufe des Tages. Nasche immer dann, wenn du merkst, dass Gott dich liebt, ein süßes Herzchen, und schreibe auf einen kleinen Zettel, wie konkret Gott dir gerade seine Liebe gezeigt hat. Kein Zeichen der Liebe ist zu klein, um nicht aufgeschrieben und im Glas aufgehoben zu werden! Vielleicht setzt du dir auch einen bestimmten Zeitraum, in dem du ganz bewusst Gottes Liebesspuren in deinem Leben entdecken willst. Du wirst überrascht sein, wie schnell die Herzchen weniger und die Zettel mehr werden!

# Und plötzlich war da Wärme!

> [...] wenn zwei beieinanderliegen, wärmen sie sich;
> wie kann ein Einzelner warm werden?
> Prediger 4,11; LU

Der Weg durch meine Zwanziger als „Singlelady" und streckenweise auch als liiertes Mädel war ziemlich mühsam und teilweise echt herausfordernd. Da gab es Zeiten voller Liebeskummer, in denen ich gehofft hatte, mit einem bestimmten Mann zusammenzukommen, aber nicht wusste, ob er auch etwas für mich empfand. Und es gab andere Zeiten, in denen ich in eine Beziehung hineingestolpert war, doch diese nach wenigen Wochen schon wieder infrage stellte, weil ich mich irgendwie nicht geliebt und angenommen gefühlt hatte. Dann gab es wiederum Zeiten, in denen ich mit Herzschmerz klarkommen musste, weil ich trotz anfänglicher Romantik und hoffnungserweckenden Signalen am Ende wieder fallen gelassen wurde und es doch nicht zu einer Beziehung kam. Und schließlich gab es diese zweijährige Beziehung, in der so vieles gut war, aber die mit so wenig Leben gefüllt war. Sie kam mir „kalt" vor, weil mich die Liebe meines Partners irgendwie nicht erreichen konnte. Und zwischendurch gab es immer wieder einmal Zeiten, in denen ich Single war – und es gern war. Zeiten, in denen ich überhaupt keine Beziehung wollte. (Aber diese Zeiten waren eher selten, wenn ich ehrlich bin.) Auf meinem Weg zur großen Liebe war demnach alles dabei.

Mit all diesen Erfahrungen im Rucksack kreuzte sich auf einer Silvesterfete mein Lebensweg mit dem von Christian. Wir lernten uns kennen und schon nach kurzer Zeit fühlte ich mich bei ihm aufgehoben, angenommen und wertgeschätzt. Schnell kamen wir zusammen und endlich erlebte ich diese Beziehung, von der ich schon immer geträumt hatte. Mit Christian hatte ich einen Mann gefunden, der meine Liebessprachen nicht nur kannte, sondern selbst wundervoll sprechen konnte. Ich sah einen klaren Weg für uns als Paar, den ich in meinen vorherigen Beziehungen nicht gesehen hatte. Plötzlich war alles so einfach und unkompliziert. Wir fragten uns nicht, ob wir zusammenpassten oder uns sicher miteinander waren – wir hatten nur noch eine Frage: „Wann wollen wir heiraten?" Bei Christian spürte ich diesen starken Wunsch nach einer Ehe, den ich zuvor nie gespürt hatte.

Mit dem Beginn dieser Beziehung hatte ich das Gefühl, dass ich wieder wachgeküsst wurde, dass meine Träume wieder in bunte Farben getaucht wurden. Ein mir unbekanntes „Wir-Gefühl" wuchs in meinem Herzen. Ich fühlte mich gewärmt wie von einem wohlig warmen Kaminfeuer. Und so viele spannende Wege breiteten sich vor uns aus. Mein Eindruck war: Wir stehen vor einem großen, unbekannten Land, aber wir sehen dasselbe Land vor uns und nicht zwei unterschiedliche Welten. Ich empfand so viel mehr, als ich in Worten wiedergeben könnte. Diese Gewissheit, dass Christian mein Mann werden würde, schien mir Gott selbst ins Herz gelegt zu haben. Sie war einfach da, ohne Wenn und Aber.

Beziehung und Ehe sind ein unfassbar schönes Geschenk von Gott. Es ist keine Selbstverständlichkeit, zu zweit durchs Leben gehen zu dürfen, auch wenn wir schnell denken: „Das erleben doch die meisten." Nein, Ehe ist ein kostbares Geschenk, für das wir Gott jeden Tag danken sollten. Es ist es wert.

In Prediger 4,11 heißt es: „[...] wenn zwei beieinanderliegen, wärmen sie sich; wie kann ein Einzelner warm werden?" Dieser Vers bringt für mich zum Ausdruck, dass Menschen sich nicht isolieren sollen und Weggefährten in ihrem Leben brauchen. In der Ehe drückt sich dieses Bild am deutlichsten aus: Es geht um zwei Menschen, die sich entscheiden, das ganze Leben miteinander zu verbringen, füreinander zu sorgen und füreinander Verantwortung zu übernehmen, für den gemeinsamen Weg zu kämpfen und sich gegenseitig das Leben schön zu machen – sich zu lieben und sich zu wärmen. Das alles passiert in dem verbindlichen Bund der Ehe, den wir eingehen, obwohl wir nicht wissen, wie dieses gemeinsame Leben konkret aussehen wird und wie sich das eigene noch entwickelt; obwohl wir nicht wissen, welche Herausforderungen und Schwierigkeiten noch auf uns zukommen werden, wie sich der andere oder man selbst verändern wird und welche anderen Menschen man im Laufe des Lebens noch kennenlernen wird. Das verbindliche Ja zu dem anderen „bis dass der Tod uns scheidet" ist deshalb das größte und wertvollste Geschenk, das man einem Menschen geben kann.

Wie wichtig ist es also, alles dafür zu tun, dass diese Verbindung guttut, dass sie die Lebensqualität steigert und der Partner oder die Partnerin immer wieder gern nach Hause kommt. Beide Partner können dazu beitragen, dass in der Ehe ein angenehmes „Beziehungsklima" herrscht. Dazu gehören zum Beispiel eine gute Kommunikation, ein gemeinsamer Glaube, eine genussvolle Sexualität, Zeiten, die man bewusst als Ehepaar verbringt, gemeinsame Ziele und eine gemeinsame Berufung. Immer wieder braucht es die Entscheidung von beiden, in die Ehe und den Partner zu investieren. Es ist etwas Wunderschönes, wenn zwei Menschen die Entscheidung treffen, miteinander alt werden zu wollen. Wenn wir uns immer wieder auf diese Entscheidung berufen und Gott in unsere Ehe oder Partnerschaft einladen, können wir es tatsächlich schaffen, ein Leben lang Weggefährten zu bleiben. Und wie schön ist es, wenn der gemeinsame Weg auf langen Strecken beide froh macht und strahlen lässt.

## Mitten ins Leben

Was kann ich dazu beitragen, dass sich mein Partner in unserer Ehe willkommen, wertgeschätzt und geliebt weiß? Wo darf und sollte ich mein Verhalten ändern, damit er (wieder) gern mein Ehepartner ist?

## Alltagstipp

Überleg dir doch heute mal eine konkrete Sache, mit der du deinem Partner eine Freude bereiten könntest – und dann tue sie einfach.

# Wenn der Heilige Geist die Führung übernimmt

> Denn welche der Geist Gottes treibt, die sind Gottes Kinder.
> Römer 8,14; LU

Aktuell schaue ich liebend gern die Sendung „Let's dance". Bei einer Show sagte der Juror Liambi, dass die Füße eines guten Tänzers fest auf dem Boden stehen müssen. Ein Tänzer braucht einen festen Halt, um sich dann leichtfüßig und schnell bewegen zu können. Irgendwie musste ich bei dieser Bemerkung daran denken, dass es im Leben mit Jesus genauso ist. Ich muss fest, mit beiden Beinen, auf der Wahrheit stehen, die Gott in der Bibel über mich und mein Leben ausgesprochen hat. Meine Identität sollte in Jesus verankert sein. Er sagt mir, wer ich bin, wie geliebt und wertvoll ich bin, und woher meine Kraft kommt. Und wenn ich fest auf diesem Grund stehe, dann kann ich beschwingt durchs Leben tanzen. Dann kann der Heilige Geist mich schwungvoll in Bewegung setzen, mich führen und leiten, gebrauchen und berufen – und mir dabei immer wieder neue coole „Tanzmoves" zeigen, mit denen ich über die Tanzfläche meines Lebens wirbeln kann.

Einen dieser „Moves" habe ich mit Ende 20 sehr bewusst erlebt. Ich war erst seit wenigen Wochen aus meiner alten Beziehung heraus, als ich Christian kennenlernte, der mein Herz im Sturm eroberte. Dieser Mann war mein absoluter Traummann und ich konnte mir nichts Schöneres vorstellen, als mit ihm zusammen zu sein. Gleichzeitig war mir bewusst, dass ich erst seit kurzer Zeit wieder Single war und die Trennung vermutlich erst noch verarbeiten sollte. Aber diese Tür stand nun sperrangelweit offen und ich spürte einen tiefen Frieden über dem begonnenen Weg mit diesem Mann. So schenkte ich ihm mein Ja und ging eine Beziehung mit ihm ein.

Auf der einen Seite freute ich mich grenzenlos über meinen neuen Freund, auf der anderen Seite fühlte ich mich schlecht meinem Exfreund und unseren gemeinsamen Freunden und Bekannten gegenüber. Ich wollte dieses neue Leben mit Christian, aber ich hatte große Angst vor den Reaktionen der Menschen aus meinem Umfeld. Also dachte ich für mich: *Das ist mein Geheimnis. Ich werde es für einige Monate für mich behalten und niemandem davon erzählen.* Aber in meinem Herzen tobte es. Wie sollte ich es schaffen, diese tolle Neuigkeit geheim zu halten? Wie sollte ich es schaffen, das Funkeln in meinen Augen zu verbergen?

Am meisten Angst hatte ich vor der Reaktion meines Exfreundes. Mit diesen Gedanken und Fragen im Kopf saß ich auf der Arbeit. Plötzlich fiel mein Blick auf einen Bibelvers, der auf meinem Bildschirm prangte: „Denn welche der Geist Gottes treibt, die sind Gottes Kinder" (Römer 8,14; LU). Mir war klar, dass Gott durch den Heiligen Geist in diesem Moment zu mir gesprochen hatte. Auf einmal spürte ich ganz deutlich, dass ich die neue Beziehung nicht geheim halten sollte und dass ich offen und ehrlich anderen davon erzählen durfte. Bevor ich mit anderen darüber sprach, sollte ich es zuallererst jedoch meinem Exfreund persönlich mitteilen. Das legte mir Gott in diesem Moment sehr deutlich aufs Herz. Ich sollte das tun, wovor ich die größte Angst hatte, und erst danach würde ich anderen Menschen von meinem Geschenk Gottes freudig erzählen können. Als mir das klar wurde, liefen mir die Tränen die Wangen herunter. Ich hatte so viel Respekt vor diesem Schritt. Aber ich wusste, dass der Geist Gottes mich gerade jetzt führte und auch bei diesem Gespräch führen würde – so wie ein Tänzer seine Tanzpartnerin. Ich musste keine Angst haben.

So traf ich meinen Exfreund noch am selben Tag. Es war ein wirklich herausforderndes Gespräch, aber es lief gut. Irgendwie spürte ich, dass der Heilige Geist es uns nicht unnötig schwer machte und eine wertschätzende und sogar verständnisvolle Atmosphäre zwischen uns schaffte. Wir konnten in Ruhe miteinander sprechen und in Frieden auseinandergehen. Anschließend kam auch in mein Herz so viel Ruhe, so viel Frieden. Diese Situation hat mir sehr klar gemacht, mit welchem liebevollen Nachdruck der Heilige Geist zu mir sprechen kann. Und das kann er auf ganz unterschiedliche Art und Weise tun.

Der Heilige Geist kann durch Bibelworte zu uns sprechen. Er kann durch Gespräche, Texte, Filme zu uns sprechen. Er kann Gedanken in unseren Kopf setzen, denen wir nachgehen können. Er kann uns im Gebet leiten, uns Bilder, Träume und Visionen schenken. Er kann uns Ruhe schenken, aber uns auch durch Unfrieden und Zweifel aus Situationen hinauslocken. Er kann uns durch Musik, Kunst oder die Natur berühren – oder aber durch eine spürbar von ihm geprägte Atmosphäre. Der Heilige Geist ist so kreativ, so unglaublich facettenreich. Es ist schwer, ihn zu beschreiben, aber wunderschön, ihn zu erleben und vor allem *mit ihm* zu leben. Lass dich heute ganz bewusst vom Heiligen Geist führen. Er will in dir und durch dich vieles bewirken. Lässt du dich auf den neuen Tag mit dem Heiligen Geist ein?

## Mitten ins Leben
Wie führt der Heilige Geist dich? In welchen Situationen deines Lebens hast du konkrete Erfahrungen mit dem Heiligen Geist gemacht? Was bedeutet er dir? Welche Fragen hast du, wenn du an den Heiligen Geist denkst? Wie kannst du dein Bewusstsein für seine Gegenwart schärfen?

## Alltagstipp
Es ist echt wertvoll, sich mit dem Heiligen Geist intensiver auseinanderzusetzen und sich bewusst auf seine Führung einzulassen. Vielleicht ist es für dich dran, mal wieder ein gutes Buch über den Heiligen Geist zu lesen? Zum Beispiel „Der Atem Gottes" von Jack Levison. Oder du sagst Gott einfach ganz neu, dass du dich von seinem Heiligen Geist führen lassen willst?

# Was ich von den Weightwatchers für mein Leben gelernt habe

Schmecket und sehet, wie freundlich der Herr ist.
Wohl dem, der auf ihn trauet!
Psalm 34,9; LU

Als ich vor einigen Jahren Teilnehmerin einer *Weightwatchers*-Gruppe war, lernte ich eine Sache sehr schnell: Jedes Essen kostet Punkte. Mal eben zwei Stückchen Schokolade, mal eben ein Stückchen Kuchen war nicht mehr drin. Alles musste in meinem Punktebuch aufgeführt werden, nichts durfte einfach unter den Tisch fallengelassen werden. Ein 100-g-Stück Käsekuchen kostete 5,5 Punkte. Ein Brötchen kostete 2 Punkte. Kaffee kostete glücklicherweise gar nichts –

so lange er schwarz war. Meinen geliebten Latte macchiato gab es nicht „umsonst". (Eine wirklich sympathische Diät!) So summierte sich im Laufe des Tages eine Punktzahl, die die festgelegte Tagespunktzahl nicht überschreiten durfte.

Während dieser Zeit wurde mir Essen sehr viel wertvoller als zuvor. Wenn ich mir doch mal ein Stück Käsekuchen gegönnt hatte, legte ich mich förmlich in den Genuss dieser Köstlichkeit hinein. Ich ließ mir jede Gabel auf der Zunge zergehen – und beinahe blieb die Zeit dabei stehen. Da waren nur noch der Käsekuchen und ich. Heute würde man sagen: „Ich habe so viel *achtsamer* Käsekuchen genossen als zuvor." Das war kein stinknormaler Alltagsmoment – nein, es war ein überaus wertvoller Genussmoment.

Ich glaube, sehr vielen Frauen (und Männern) geht es ähnlich: Die meisten haben gefüllte Terminkalender und hetzen von einem Termin zum nächsten. Wir versuchen, alles unter einen Hut zu bringen: Wir wollen unsere Frau in der Familie stehen, in der Gemeinde, im Beruf und überall sonst im Leben. Wir sehen vor lauter Bäumen oft den Wald nicht mehr und verlieren zunehmend den Sinn für all das Schöne um uns herum. Wir verlernen, zu genießen – nicht nur wenn es ums Essen geht. Gehetzt fahren wir an einem Herbstwald vorbei, ohne dessen farbenfrohe Schönheit zu sehen. An der Kasse nehmen wir das freundliche Lächeln der Kassiererin nicht wahr, weil wir gedanklich schon wieder bei unserem nächsten Termin sind. Wir bleiben kaum noch stehen, um unsere Lieben zu umarmen, weil wir die Erledigung all unserer Aufgaben als erste Priorität gesetzt haben und deshalb an ihnen vorbeihetzen.

Wenn wir so leben, verpassen wir unendlich viele schöne Momente, in denen wir Gottes Güte mitten im Leben erfahren und genießen könnten. In Psalm 34,9 schreibt der große Poet David: „Schmecket und sehet, wie freundlich der Herr ist." Für mich ist dieser Vers eine Einladung, in meinem bunten und chaotischen Alltag immer wieder innezuhalten und meinen „Geschmackssinn" für Gottes Güte zu sensibilisieren – „achtsamer" für die kleinen „Gott-ist-gut-Momente" zu werden.

Am besten kommen wir diesen Momenten auf die Spur, wenn wir sie mit all unseren Sinnen suchen. Dass Gott gut ist, können wir schmecken: durch den Käsekuchen mit gutem Kaffee oder den frischen, knackigen Salat mit Orangenspalten und Filetstückchen. Wir können es sehen, wenn wir mit offenen Augen durch den Tag gehen und bereit sind, uns über die Schönheit in der Natur und in all den menschengemachten kunstvollen Dingen zu freuen. Und natürlich sehen wir seine Güte, wenn wir es schwarz auf weiß in der Bibel lesen. Wir können sie aber auch riechen: durch das gute Parfüm, das frisch gebackene Brot, dessen Duft sich in der ganzen Wohnung verteilt, oder das frisch überzogene Bettzeug. Wir können sie fühlen: durch die Umarmung einer guten Freundin, die Sonne, die beim ersten Frühlingserwachen auf unser Gesicht scheint, und den kuscheligen Pullover, der uns im Winter wärmt. Und natürlich können wir auch hören, dass Gott gut ist: durch das Vogelgezwitscher nach einem langen Winter, das zufriedene Glucksen eines kleinen Kindes, ein freundliches Wort oder ein schönes Lied, das unsere Seele berührt.

In all diesen Momenten begegnet uns Gott freundlich und gütig. Diese Spuren seiner Freundlichkeit und Güte sollten wir nicht verpassen, sondern bewusst suchen. Im Jargon der *Weightwatchers* gesprochen heißt das, dass wir aufhören sollten, alles einfach unbedacht in uns „hineinzustopfen" und stattdessen achtsamer zu werden – für die „Sahneschnittchen" unseres Alltags, die wir dann umso mehr genießen können.

## Mitten ins Leben
Wie offenbart Gott dir seine Freundlichkeit? Was sind deine „Gott-ist-gut-Momente" mitten im Alltag? Wann passiert es in deinem Leben, dass du vor lauter Stress die Schönheit der kleinen Augenblicke verpasst? Wie kannst du in solchen Momenten anders reagieren?

## Alltagstipp
Warum beginnst du nicht mal damit, ein kleines Büchlein mit deinen ganz persönlichen „Gott-ist-gut-Momenten" zu führen? Schreib dir am Ende jeden Tages, oder schon zwischendurch, all die wertvollen Momente auf, die Gott dir geschenkt hat. Wie cool ist es, wenn du irgendwann noch einmal durch dein Buch blätterst und dir auf allen Seiten Gottes Freundlichkeit entgegenlächelt?

# Leben ist heute

> Lots Frau drehte sich auf der Flucht um
> und schaute zurück. Sofort erstarrte sie
> zu einer Salzsäule.
> 1. Mose 19,26

Die Liebesgeschichte von Christian und mir ist eine rasante und wunderbar verrückte. Wir sind mit 200 PS in die Ehe gerauscht und es konnte uns in dieser Zeit gar nicht schnell genug gehen. Nach zwei Monaten Beziehung verlobten wir uns und konnten den Tag unserer Eheschließung kaum erwarten – so glücklich waren wir darüber, uns endlich gefunden zu haben. Wir waren so gespannt, was das gemeinsame Leben für Überraschungen und Geschenke von Gott für uns bereithalten würde. Doch während wir uns schon auf die Zukunft freuten, musste erst noch die Hochzeit geplant werden – und das war gar nicht so leicht.

Auf die Schnelle mussten wir einen großen und dazu noch möglichst stilvollen Raum finden, in dem rund 150 Gäste Platz haben würden. Außerdem sollten alle unsere Gäste die Möglichkeit haben, in der Nähe der Location zu übernachten, um bis in die Nacht feiern zu können. Dann brauchten wir natürlich noch ein schönes Kleid und einen schicken Anzug, eine hübsche Dekoration, ein leckeres Essen, ein schönes Hochzeitsauto und, und, und. Zusätzlich mussten die Flitterwochen gebucht und eine gemeinsame Wohnung gefunden werden. Und alles sollte natürlich genau so werden, wie wir es uns vorgestellt hatten. Für all diese Dinge hatten wir nur sieben Monate Zeit, dann war schon der Hochzeitstermin. Ganz nebenbei wollten wir uns in der Verlobungszeit auch noch besser kennenlernen. Eine große Hausnummer!

Doch was so ambitioniert klingt, haben wir tatsächlich geschafft. In so vielen Bereichen durften wir erleben, wie Gott uns beschenkte. Ungefragt wurde uns eine wunderbare Wohnung angeboten, wir fanden eine Location, bei der unsere Gäste in kleinen Schwedenhäusern direkt nebenan übernachten konnten, ich entdeckte ein wunderschönes Kleid und die Flitterwochen in der Dominikanischen Republik waren auch überraschend schnell geplant und gebucht. Es war wie ein herrlicher, bunter Konfettiregen, der auf all diese Bereiche fiel. Die Zeit war unglaublich emotional und traumhaft schön für uns. Eine Lovestory wie aus dem Bilderbuch.

Doch trotz des vielen Segens, den wir sowohl bei den Vorbereitungen als auch am Hochzeitstag selbst erleben durften, bei dem eine tolle Stimmung herrschte und lauter glückliche Menschen bis in die frühen Morgenstunden feierten – trotz all dem blieben meine Gedanken im Rückblick vor allem an den Punkten hängen, die vielleicht noch einen Ticken besser hätten laufen können. Unnötige Fragen wie: *Warum habe ich keine Knopfleiste an mein Kleid nähen lassen? Hätte es nicht doch noch eine preiswertere Location für die Feier gegeben? Hätte ich nicht noch mehr mit diesem oder jenen Gast sprechen können? Warum bin ich nicht noch mal zur Cupcake-Ecke gegangen und habe noch mehr von diesen leckeren Törtchen gegessen? Warum habe ich kein Bild mit meiner kleinen Nichte gemacht? Wieso haben wir unsere Flitterwochen direkt auf den Montag nach der Feier gelegt und konnten den Rausch von Eindrücken und Emotionen gar nicht richtig verarbeiten?* So saß ich Monate nach meiner Traumhochzeit da, quälte mich mit diesen Fragen herum und bekam irgendwie keinen Frieden über all diese eigentlich so unwichtigen Detailentscheidungen.

Geht dir das manchmal genauso, dass du mit dir selbst hart ins Gericht gehst und dich über Entscheidungen ärgerst, die du bei irgendeinem besonderen Ereignis einmal getroffen hast? Dass du einfach nicht damit abschließen und nur die schönen Erinnerungen im Herzen behalten kannst? Ich glaube, es ist völlig normal und sogar wichtig, dass wir große Ereignisse Revue passieren lassen. Dass wir noch einmal innehalten und in Ruhe über sie nachdenken. Es ist wichtig, sich Zeit zu nehmen, um diese Highlights im Leben gedanklich zu ordnen und vielleicht auch die eine oder andere Erkenntnis daraus zu ziehen. So kann man zum Beispiel der nächsten Braut mitgeben, was man selbst rückblickend gern anders gemacht hätte. Aber danach ist es wichtig, einen Haken hinter diese Sachen zu setzen. Wir können uns wieder die schönen Augenblicke ins Herz „schaufeln" – und bewahren. Wir können uns wieder an der Schönheit dieses Tages erfreuen und noch einmal den Rausch der Endorphine zulassen.

Wir müssen die Dinge loslassen, die vielleicht nicht ganz so perfekt gelaufen sind, um weitergehen zu können. Nach vorne zu leben. Das Heute zu begrüßen.

Beim Nachdenken über dieses Thema kam mir die Geschichte von Lot und seiner Frau in den Sinn. Sie sollen Sodom und Gomorra verlassen, weil Gott die beiden Städte aufgrund der vielen Sünden ihrer Bewohner untergehen lassen will. Lot und seine Frau sollen mit Blick nach vorne die Gegend verlassen und sich nicht mehr umdrehen. Doch – warum auch immer – Lots Frau schaut zurück. Vielleicht ist sie noch nicht bereit, Neuland zu betreten und das Alte loszulassen? In dem Moment, in dem sie sich umdreht, wird sie zur Salzsäule. Eine ungeheuerliche Geschichte, bei der ich mich frage, warum Gottes Strafe so hart ausfallen musste. Aber das ist ein anderes Thema. Die Geschichte macht jedenfalls sehr deutlich, dass wir nach vorne leben sollen. Dass es manchmal sogar lebenswichtig sein kann, seinen Fokus auf das Heute zu legen und dieses Heute zu gestalten.

Natürlich gibt es Zeiten, in denen es wichtig und heilsam ist, zurückzuschauen – Zeiten, in denen ich meine Lebensgeschichte aufarbeiten oder tief liegende Verletzungen heilen lassen muss. Aber das ist immer nur für einen gewissen Zeitraum sinnvoll. Irgendwann darf ich damit abschließen und mich wieder um mein Heute kümmern. Um die Entscheidungen, die ich heute treffen muss, und um die Situationen und Feste, die ich heute feiern will. Heute darf ich loslassen und mich mit Gottes Hilfe mit dem Erlebten und Vergangenen aussöhnen. Ich darf meinen Frieden damit schließen. Situationen aus meiner Vergangenheit, an die ich immer wieder denken muss und mit denen ich noch immer hadere, darf ich an Jesu Kreuz nageln. Ich darf ihm diese pochenden

Bereiche mit den kleinen und großen inneren Kämpfen übergeben. Und dann loslassen. Und weitergehen.

## Mitten ins Leben

Wo gibt es in deinem Leben Bereiche und Situationen, an denen du gedanklich immer wieder haften bleibst, weil du dich einfach nicht lösen kannst? Was könnte ein nächster Schritt sein, um mit diesen Bereichen Frieden zu schließen? Mit wem könntest du mal darüber sprechen? Welches Seminar oder welcher Ansprechpartner könnte dir dabei helfen, einen Haken hinter diese Dinge zu setzen und weiterzugehen?

## Alltagstipp

Schreibe doch mal alle Punkte, die dich bei einem besonderen Erlebnis gestört haben, mit einem Bleistift auf kleine Zettel. Klebe sie anschließend auf ein DIN-A4-Blatt und schreibe auf jeden kleinen Zettel mit einem Buntstift oder einem bunt schreibenden Kugelschreiber eine schöne Erinnerung darüber. Bitte Gott, dass er dir hilft, das Negative in deinem Herzen einfach mit etwas Schönem zu überschreiben, damit du Frieden schließen kannst.

# Du bist willkommen in meinem Leben

Seid gastfreundlich!
Römer 12,13b

Ich liebe es, neue Menschen kennenzulernen. Ich mag es, zu hören, was sie bewegt, was sie umtreibt und wie sie ihr Leben gestalten. Wenn ich einen Menschen kennenlerne, den ich inspirierend und interessant finde, will ich ihn am liebsten *noch* besser kennenlernen, ihn zu mir nach Hause einladen und mehr Zeit mit ihm verbringen. Ich mag es, wenn Menschen Profil haben, charakterlich gut drauf sind, sich Gedanken über das Leben machen und sich nicht einfach so vom Strom der Zeit treiben lassen. Ich mag es, wenn Menschen sich die Frage nach Sinn und Berufung in ihrem Leben stellen und Jesus von Herzen lieben. Ich mag es, wenn Menschen Jesus immer wieder um Orientierung und Führung bitten. Solche Menschen rufen in mir prompt Gastfreundschaft hervor und ich sage zu Christian: „Die müssen wir einladen."

Mein Herz schlägt aber auch für Menschen in der Gemeinde, die noch auf der Suche nach neuen Bekanntschaften und einem Ort sind, wo sie geistlich auftanken können. Ich spüre ihre Sehnsucht und bekomme wieder den spontanen Impuls: „Die müsstest du auch mal einladen." Ich finde es unglaublich wichtig, dass Menschen ein gutes Netzwerk haben, sich wirklich als Teil einer Gemeinde fühlen, dass sie sich mitteilen können und andere Menschen haben, die ihnen zuhören und für sie da sind. Trotzdem muss ich in solchen Situationen lernen, auf Gott zu hören, damit er mir zeigen kann, wann es wirklich dran ist, diesem Impuls nachzugehen. Ich kann schließlich nicht jeden neuen Menschen in meinem Umfeld zu mir einladen. Es gibt noch viele andere Menschen, die ihre Tür für sie öffnen können. Aber wenn es dran ist, bin ich allzeit bereit, ihnen meine eigene Tür zu öffnen.

Gastfreundschaft wird oftmals ganz klassisch interpretiert: Ich lade Menschen zum Grillen oder zu Kaffee und Kuchen ein, zum Spiele- oder Filmabend. Ich öffne meine Haustür für Menschen und bewirte sie, schenke ihnen eine schöne Zeit in meinen eigenen vier Wänden. Aber ich glaube, dass Gastfreundschaft mehr ist als das. Gastfreundschaft ist eigentlich jeder Raum, den ich Menschen schenke. Vielleicht den Raum eines Gespräches, in dem ich meinem Gesprächspartner aktiv zuhöre, Interesse zeige, Fragen stelle, mit ihm lache oder mit ihm weine. Ich schenke einen Raum, wo echte Begegnung stattfinden kann. Der kann manchmal sogar nur virtuell sein. Gastfreundschaft zu leben, kann auch ein Gespräch über einen WhatsApp-Chat sein, in dem ich mich intensiv mit jemandem austausche und ihm einen Raum gebe, wo er sein darf. Oder es kann eine Unterhaltung in der Mittagspause sein, für die ich mir bewusst Zeit nehme. Klar, wenn ich meinen Gesprächspartner sympathisch finde, nehme ich mir diese Zeit auch gern und sie fühlt sich nicht wie ein Opfer an. Manchmal fordert uns Gastfreundschaft jedoch auch heraus. Wenn ich zum Beispiel mein Haus für jemanden öffne, den ich gar nicht oder kaum kenne, aber der dringend einen Schlafplatz benötigt.

Ich selbst bin schon häufig Nutznießerin von so einer Gastfreundschaft geworden. Während meines Volontariats durfte ich vier Wochen lang im Haus eines Mitarbeiters wohnen, der zu dieser Zeit im Urlaub war. Eine wirklich großzügige Geste! Während meiner Praktikumszeit bei einer Gemeinde in der Schweiz wurde mir ein wunderschönes Gästezimmer angeboten. Ein anderes Mal war ich zehn Tage lang mit einer Musicalproduktion als Sängerin und Schauspielerin unterwegs und kam jede Nacht bei anderen Menschen unter. Das waren nur drei von vielen, vielen weiteren Situationen, in denen ich wahre Gastfreundschaft erleben durfte. Es gab einige Momente in meinem Leben, in dem mich der Dienst der Gastfreundschaft tief bewegt hat. Jedes Mal fühlte ich mich nach solchen Erfahrungen unglaublich gesegnet und geliebt.

All diese gastfreundlichen Menschen haben deutliche Spuren in meinem Herzen hinterlassen. Ich ging reicher von ihnen weg als ich gekommen war. Mit ihrem Liebesdienst an mir haben sie mein Herz erreicht. Genau das will ich zurückgeben und anderen Menschen schenken. Sie sollen ebenfalls erleben, was ich schon so oft erfahren durfte. Ich möchte immer wieder meine Tür öffnen und gern den Aufwand in Kauf nehmen, das Gästezimmer vorher schön herzurichten und ein leckeres Essen vorzubereiten. Ich darf durch meinen Dienst segnen und bekomme gleichzeitig so viel Segen zurück. Gastfreundschaft ist ein Prinzip Gottes. In Römer 12,13b steht wohl einer der kürzesten Sätze der Bibel: „Seid gastfreundlich!" Während wir an anderen Bibelstellen hin und her überlegen können, was sie uns wohl sagen sollen und wollen, haben wir hier keinen Interpretationsfreiraum. Es ist eine Aufforderung an uns, Gastfreundschaft zu üben.

Jesus selbst war ein wunderbarer Gastgeber. Das zeigen allein die beiden Geschichten, in denen er seine „Predigtzeit" von 45 Minuten weit überschritten hatte und sich bei seinen Zuhörern ein deutliches Magengrummeln meldete. Sollte er sie einfach wegschicken, damit sie sich selbst etwas kaufen oder zu Essen machen konnten? Nein, so war und ist Jesus nicht. Er lud kurzerhand alle zu einem spontanen Picknick auf der großen Wiese ein und kümmerte sich selbst um ein schmackhaftes Mahl mit Fisch und Brot. Aber nicht nur zu seinen Lebzeiten als Mensch war Jesus gastfreundlich. Wir können auch heute noch seine Gastfreundschaft genießen. Wir dürfen jederzeit zu ihm kommen und uns von ihm sättigen lassen. Gott ist barmherzig und will sich um seine geliebten Kinder kümmern. Er der beste Gastgeber, den es gibt! Seine Gastfreundschaft erreicht am Ende unserer Zeit dann wohl ihren Zenit: Jesus lädt uns ein zu *dem* Festessen unseres Lebens! In Matthäus 22,1–14 ist von der himmlischen Hochzeit die Rede, zu der wir alle eingeladen sind. Dann feiern wir, dass wir endlich mit Gott vereint sind und uns nichts mehr von ihm trennen kann.

Ich mag es total, dass Gastfreundschaft so einen großen Stellenwert in der Bibel hat. Man könnte so viel mehr darüber schreiben. Wäre es nicht großartig, wenn man uns

Jesusnachfolgerinnen an unserer Barmherzigkeit und Fürsorge erkennen würde? Wäre es nicht großartig, wenn wir nicht nur in unserer Komfortzone von Freunden bleiben, sondern immer wieder auch bereit wären, den Kreis für neue Menschen zu öffnen und Gastfreundschaft zu leben?

## Mitten ins Leben

Magst du es, gastfreundlich zu sein? Wo eröffnen sich dir Möglichkeiten, gastfreundlich zu sein? Welche Erfahrungen hast du bereits als Gast gemacht und welche als Gastgeberin? Was ist dir beim Thema Gastfreundschaft wichtig?

## Alltagstipp

Wo ist jemand, dem du mal dein Haus öffnen könntest? Lass dich von Gott führen und tue dann das, wozu er dich beauftragt. Lass Segen fließen und empfange Segen.

# Wenn mir Gott die Sprache verschlägt

Herr, wie kein anderer strahlst du vor Glanz,
du bist mächtiger als die uralten Berge.
Psalm 76,5;

Ich liebe es, in der Natur unterwegs zu sein. Mal eine schöne lange Runde mit dem Fahrrad zu fahren, eine Wanderung durch die Alpen oder einfach einen langen Spaziergang durch die heimatlichen Felder zu machen. Oder am Meer zu stehen und die Wellen beim Schaukeln zu beobachten. Herrlich. Wunderschön. Traumhaft. Nicht immer, aber oft, schafft es die Natur mit all ihren intensiven Farben, Düften und Klängen und dieser Ruhe meinen Blick weg von meinem Alltag und hin zu Gott zu richten – zu meinem Papa, der mich grenzenlos liebt. Die Natur ist ein wundervoller Ausdruck von Gottes Schönheit. Gott hat die ganze Pracht und Vielfalt, die wir in der Natur sehen können, erdacht, geplant und dann geschaffen. Ja, jede Blume, jeder Stern, jeder Baum, jeder Grashalm, jeder Vogel ist ein Ausdruck von Gottes Sinn für Schönheit. Vor einiger Zeit war ich wieder einmal in der Natur unterwegs und tief bewegt von dieser Schönheit und Gottes Wesen, aus dem sie entspringt. Mit ein wenig Poesie habe ich versucht, in Worte zu fassen, wie schön Gott ist.

*Wie sollte ich sie beschreiben, deine Schönheit?*

*Sie ist atemberaubender als der hellste Stern ...*
*Sie ist berührender als der intensivste Moment ...*
*Sie ist schillernder als jeder Tautropfen an einer Blume ...*
*Sie ist unerklärlicher als jedes Rätsel dieser Welt ...*

*Wie sollte ich sie beschreiben?*
*Wie könnte ich sie in Worte fassen?*

*Mir fehlen die Worte. Doch warum? Die Natur kann es doch auch?*

*Die Bäume wachen bei jedem mächtigen Windzug auf, der durch ihr Blattgefieder streift. Berührt von diesen Wogen der Kraft beginnen sie rauschend von deiner Schönheit zu erzählen.*

*Die tosenden Wellen der Meere schließen sich dem Rauschen der Bäume an. Sie treiben zum Ufer und wieder zurück. Sie können nicht aufhören, überschäumend deine überwältigende Schönheit zu bezeugen.*

*Die Wolken treiben pausenlos am Himmel. Ganz sachte und liebevoll erzählen die großen und kleinen Puderwolken von deiner Reinheit. Weißer als Schnee verkünden sie deine Heiligkeit und deine Majestät.*

*Unendlich viele farbenfrohe Blumen demonstrieren deine Kreativität und deine Liebe für die kleinsten Details. Dem Himmel entgegenwachsend erzählen sie uns von der Hoffnung, die du uns gibst. Eine Blume übertrifft in ihrer Schönheit die andere. Dennoch sind sie nur ein blasser Abglanz deiner Schönheit.*

*Die Vögel zwitschern und singen die schönsten Lieder. Sie fangen früh am Morgen damit an und hören erst spät abends wieder auf. Auch wenn sie beinahe heiser werden, können sie nicht aufhören, von deiner überwältigenden Schönheit zu singen.*

*Doch wie soll ich sie beschreiben, deine Schönheit?*

*Ich kann es nicht.*
*Ich kann nur anbetend schweigen. Und die Natur sprechen lassen.*

*Denn du bist atemberaubender als der hellste Stern ...*
*Du bist berührender als der intensivste Moment ...*
*Du bist schillernder als jeder Tautropfen an einer Blume ...*
*Du bist unerklärlicher als jedes Rätsel dieser Welt ...*

In Psalm 76,5 steht ein ähnlicher Satz: „Herr, wie kein anderer strahlst du vor Glanz, du bist mächtiger als die uralten Berge." Gott ist immer noch strahlender und herrlicher – ganz egal, welches Naturphänomen wir gerade bewundern, welchen Sternenhimmel oder Regenbogen wir gerade sehen.

Ganz egal, wie beeindruckt wir von der tollen Aussicht ins Tal sind, wenn wir auf einem Berg stehen oder von der imposanten Wucht der Wellen, wenn wir am Strand stehen. Ganz egal, wie intensiv leuchtend der Herbstwald ist oder wie herrlich der große Blumenstrauß aussieht und duftet, über den wir uns gerade so freuen – Gott ist immer noch schöner und noch herrlicher.

## Mitten ins Leben
Welche Phänomene in der Natur berühren dich tief und lenken deine Gedanken auf Gottes Schönheit? Was erinnert dich immer wieder an Gottes Schönheit? Was bedeutet es für dich, dass Gott „schön" ist?

## Alltagstipp
Es ist unfassbar bereichernd, wenn wir Gottes Schönheit mitten im Leben auf die Spur kommen. Schau dich heute mal um und suche ganz bewusst Gottes Schönheit. Du wirst sie entdecken – und staunen!

# Nostalgie mitten im Aufbruch

> Und jage nach dem vorgesteckten Ziel,
> dem Siegespreis der himmlischen
> Berufung Gottes in Christus Jesus.
> Philipper 3,14; LU

Auch wenn ich weiß, dass „Leben heute ist", gibt es immer noch Phasen, in denen es mir wahnsinnig schwerfällt, mutig voranzugehen. Schritt für Schritt neues Land zu erobern. Die Veränderung zuzulassen und sie willkommen zu heißen. Besonders schwer fällt es immer dann, wenn das vertraute Altbekannte, was einem so lieb und teuer war, plötzlich wieder an einem zieht. Man kommt von dem Vergangenen einfach nicht los und wünscht sich insgeheim, stattdessen das Neue wieder loszulassen und in das Gewohnte zurückzukehren.

Ja, ich werfe den Blick manchmal noch gern zurück auf die „guten, alten Zeiten". Dann will ich am liebsten die alten

Freundschaften wieder aufleben lassen und einfach wieder in die Vergangenheit abtauchen. Und das, obwohl das Neue doch schon so verheißungsvoll vor mir liegt! Obwohl ich schon ein paar Meter ins neue Land hineingegangen bin und Leute an meiner Seite habe, die mich genau darin ermutigen und bestärkt haben. Obwohl ich jetzt mit meinem Ehemann zusammen ein neues Kapitel aufschlagen darf, in dem wir gemeinsam neue Freundschaften aufbauen und in der neuen Gemeinde Fuß fassen und vor allem das Leben als Ehepaar für uns entdecken und genießen können.

Wunderschön und aufregend ist all das. Es erfüllt und beglückt mich – und trotzdem klopft manchmal der Schmerz an die Tür. Die Eltern wohnen seit der Hochzeit so weit weg, genau wie meine lieben Schwestern. Auch die Freunde, in deren Nähe ich vor Kurzem noch gewohnt habe, sehe ich nun nicht mehr so oft. Die alte Gemeinde, in der ich mich so wohlgefühlt habe, vermisse ich auch manchmal. So viele Gedanken an das Vergangene können uns ausbremsen und davon abhalten, das Neuland ganz für uns einzunehmen und zu genießen. Eine Heirat. Ein Umzug. Ein neuer Start. Ich hatte mit bestem Wissen und Gewissen eine gute Entscheidung getroffen. Jetzt war es dran, diese Entscheidung auch zu leben und den Weg konsequent weiterzugehen. Schritt für Schritt hinein ins Neuland, hinein in neue Beziehungen, in eine neue Stadt, in ein neues Leben als Ehefrau.

Jeder neue Start erfordert von uns Mut und Kraft, um ihn positiv zu gestalten. Immer wieder mischt sich mitten in die euphorische Aufbruchsstimmung die Nostalgie: Ach Mensch, wie gern würde ich mit meiner Freundin jetzt einen Kaffee trinken gehen. Wie gern würde ich auf meinen vertrauten Waldwegen eine Runde joggen? Wie gern würde ich jetzt in mein Lieblingscafé gehen? Wenn man sich von der Nostalgie der guten, alten Zeiten übermannen lässt, sind die Tränen nicht mehr weit. Was kann uns dann ermutigen, nach vorne zu leben, mit Mut jeden neuen Tag anzugehen und das Beste aus ihm zu machen?

In Philipper 3,14 schreibt Paulus: „Und jage nach dem vorgesteckten Ziel, dem Siegespreis der himmlischen Berufung Gottes in Christus Jesus." Er beschreibt unser Leben als einen Lauf in Richtung Ewigkeit, bei dem wir den Siegespreis nicht aus dem Blick verlieren sollten, der im Himmel auf uns wartet. Mit diesen Gedanken von Paulus werde ich daran erinnert, dass es im Leben nicht darum geht, sich gemütlich einzurichten und es sich so einfach wie möglich zu machen. Vielmehr geht es darum, dass ich mein Leben mit Blick auf Jesus als meinem Wegbereiter und ausgerichtet auf die Ewigkeit gestalte. Ich darf nach vorne leben, immer Jesus hinterher. Und wenn es für mich heißt, die Zelte abzubrechen und weiterzuziehen, dann darf ich das getrost tun und mich dabei von ihm leiten lassen. Wenn ich mich in gewissen Bereichen meines Lebens entwickeln und alte Muster ablegen möchte, dann darf ich auch in diesen Bereichen mit festem Blick auf Jesus Altes loslassen und Neues bewusst willkommen heißen. Wenn Jesus mir eine neue Berufung schenkt und ich dafür vieles hinter mir lassen muss, dann darf ich das hoffnungsvoll tun – in der Erwartung, dass er einen guten Plan für mein Leben hat.

Mit Jesus unterwegs zu sein, heißt Veränderung, heißt Weitergehen, heißt Aufbruch ins Neuland – kurz: lebendig bleiben. Nichts bleibt, wie es war: Unser Leben verändert sich und vor allem verändern *wir* uns auf unserer Lebensreise mit Jesus. Veränderung kostet Kraft, benötigt Mut und lockt uns aus unserer Komfortzone. Doch irgendwann werden auch wir selbst verändert sein und im besten Fall ganz neu aufblühen. Etwas Neues wächst in uns wie eine schöne Pflanze.

In Zeiten der Veränderung muss ich mich immer wieder bewusst daran erinnern, dass Gott selbst meine Lebensgeschichte schreibt. Immer wieder bete ich, dass *sein* Wille in meinem Leben geschehe und dass er seinen Traum mit mir darin verwirklichen soll. Und ich merke: Genau das geschieht. Gott geht Schritte mit mir. Lenkt sie in ein neues Land. An einen neuen Ort. Zu neuen Menschen. In neue Aufgabenbereiche. In neue Visionen. So komme ich an und nehme gleichzeitig immer mehr Raum ein. Lebe und genieße. Atme auf und zelebriere.

Es ist gut, dass ich jetzt hier bin. Es ist gut, dass ich dieses Kapitel erlebe. Es ist mehr als gut – es ist wunderschön. Weil ich hier verändert werde und Neues erfahren werde. Weil es mich glücklich macht. Und wenn das Alte wieder einmal anklopfen sollte, dann will ich es freundlich begrüßen und Gott dafür danken, aber auch wieder weiterziehen lassen. Es muss ja auch kein Abschied für immer sein. Vielleicht ergibt sich demnächst ja mal die Möglichkeit, die alten Freunde zu treffen? Vielleicht gibt es die Möglichkeit, die alte Gemeinde noch einmal zu besuchen? Ich muss mich nicht radikal von allem Alten abwenden, aber das Neue will gefeiert und gelebt werden. Hier bin ich an dem Ort, an den Gott mich berufen hat und an dem ich mit Blick auf die Ewigkeit leben darf. Der beste Ort!

## Mitten ins Leben

Stehst du auch gerade vor einem Neuanfang – vor einem Ortswechsel, einer neuen Aufgabe, einem neuen Lebensstil?

Wie geht es dir damit? Wovor hast du Angst? Was musst du loslassen? Worüber freust du dich?

## Alltagstipp

Freue dich auf dein ganz persönliches Neuland. Sei dankbar dafür, dass Jesus selbst dein Wegbereiter ist und dich gerade an einen neuen Punkt im Leben führt. Gestalte dein Neuland mit Blick nach vorne. Mit Blick auf die Ewigkeit. Warum malst du dir dafür nicht einfach mal eine Landkarte, auf die du alles schreibst, was dich im Neuland erwartet? Welche Menschen und welche Aufgaben warten dort auf dich? Fülle dieses Neuland mit der Zeit. Mit neuen lieben Menschen, mit tollen Möglichkeiten, mit tollen Aufgaben, mit tollen Läden und tollen Restaurants. Lass dich auf dein Neuland ein!

# Wir sind anders, aber gleich

Denn wir sind durch einen Geist alle zu einem
Leib getauft, wir seien Juden oder Griechen,
Sklaven oder Freie, und sind alle mit einem
Geist getränkt.
1. Korinther 12,13; LU

Es gibt Menschen, die von fremden Kulturen angezogen werden. Die Menschen, die sich gern mit Flüchtlingen unterhalten, prompt auf Englisch mit Ausländern ins Gespräch kommen, die Missionarsgäste in der Gemeinde herzlich willkommen heißen und einfach viele internationale Kontakte haben. Die Menschen, die sich von der Fremde inspirieren lassen, die gern einen Blick über ihren Tellerrand werfen und es lieben, sich mit dem Unbekannten und Exotischen zu beschäftigen. So ein Mensch bin ich nicht. Natürlich reise ich gern und mache gern Urlaub in mir unbekannten Ländern.

Aber den Kontakt zu den Menschen des Landes – den brauche ich nicht unbedingt. Ich habe es gern heimelig und vertraut und unterhalte mich lieber mit Menschen, die mir näherstehen. Menschen, bei denen ich ungefähr weiß, wie sie geprägt sind und wie sie ticken. Mission im Ausland? Das ist eher nichts für mich. Ich lebe gern in Deutschland und verbringe Zeit mit den Einheimischen – nicht, weil ich Ausländer nicht mögen würde, ich bekomme nur einfach nicht so leicht einen Draht zu ihnen.

Trotzdem machte ich mich letztes Jahr mit meinem Mann und einem Missionsteam auf den Weg nach Tansania. Ich hatte mich schon auf den Trip gefreut, aber fuhr ehrlich gesagt mehr meinem Mann zuliebe mit. Er wollte so gern einmal einen Missionstrip mit mir erleben, also dachte ich mir schließlich: *Warum nicht?* In Tansania erwarteten mich dann viele neue Eindrücke: ungewohnte Temperaturen, fremde kulinarische Genüsse, spannende Orte und Menschen und jede Menge verrückter Situationen. Ich öffnete bewusst mein Herz für diese zwei Wochen im fernen Tansania und stellte fest, wie sehr mich die Zeit dort bereicherte. Ich suchte Möglichkeiten, mit unterschiedlichen afrikanischen Frauen ins Gespräch zu kommen, und kommunizierte dann mit gebrochenem Englisch, Händen und Füßen und freundlichen Blicken mit ihnen. Wenn die Sprachbarriere zwischen uns überhaupt keine verständliche Kommunikation zuließ, lachten wir einfach miteinander und genossen das Beisammensein. Wir machten uns gegenseitig Komplimente für unsere Kleidung, Haare und unseren Schmuck – denn dafür brauchte es nicht viele Worte. Dankbar denke ich heute an viele wertvolle Momente zurück, die ich in diesen zwei Wochen erleben durfte.

Einmal wurde ich von einer afrikanischen Frau einfach an die Hand genommen und in ihre Wohnung geführt. Sie zeigte mir, wie sie lebte, und erzählte mir dann mit einfachen Worten von ihrer unerfüllten Sehnsucht nach einem Kind. Wir weinten beide und ich durfte für sie beten. Ein anderes Mal tauschte ich mich mit einer jüngeren afrikanischen Frau über das Leben als junge Ehefrau aus. Sie zeigte mir Bilder von ihrem Mann und wir erzählten uns mit schlichten Sätzen von unserem Leben, unseren Träumen und Zielen. Wieder ein anderes Mal schnappte mich eine Frau und rannte mit mir zu einem „Nagelstudio" – einer sehr einfachen, kleinen Hütte mitten im Dorf, aus der laute Musik dröhnte und in der ein Jugendlicher den Frauen die Nägel lackierte. Alle Menschen, die vorbeigingen, lachten herzlich und zeigten auf mich – die Weiße, die im Nagelstudio saß. Sie freuten sich offensichtlich, dass ich mich auf ihre Kultur und ihr Leben eingelassen hatte. Oft saß ich neben einer afrikanischen Frau und verbrachte einfach etwas Zeit mit ihr. Ich hielt ihre Hand, betete mit ihr und umarmte sie zum Abschied.

Für mich waren es sehr bedeutende Momente, wenn ich spürte, wie im Gespräch, oder auch in einer wortlosen Begegnung, die Grenzen der Kulturen plötzlich verschwanden und man nicht mehr die oberflächlichen Unterschiede sah, sondern nur noch das Herz des anderen. Da waren plötzlich nicht mehr die Afrikanerinnen Jenny, Lucia, Mary und Pauline, die arm waren, eine andere Hautfarbe hatten und wahrscheinlich nie vor Freude über ein Zalando-Paket schrien. Nein, da waren plötzlich meine Freundinnen Jenny, Lucia, Mary und Pauline, die sich genauso gern schön kleideten und mit Freundinnen lachten und plauderten wie ich, die ähnliche Träume und Sehnsüchte hatten und die mal einen guten und mal einen schlechten Tag hatten und dann Ermutigung brauchten oder weitergaben. Da waren nur noch Freundinnen, die mit mir ins Nagelstudio gingen oder sich tolle Frisuren machen ließen. Ja, es waren die schönsten Momente, wenn ich solche „Herzensbegegnungen" hatte und einfach am Leben der anderen teilhaben konnte. Ich verstand durch meine Zeit in Tansania, dass wir in unserem Frausein etwas haben, das uns ganz tief drin alle miteinander verbindet – egal ob wir deutsche, afrikanische oder japanische Frauen sind.

Im 1. Korintherbrief 12,13 schreibt Paulus: „Denn wir sind durch einen Geist alle zu einem Leib getauft, wir seien Juden oder Griechen, Sklaven oder Freie, und sind alle mit einem Geist getränkt." Er betont, dass Menschen, die mit Jesus unterwegs sind, zusammengehören und mit demselben Geist „getränkt" sind. Wir sind uns oft so viel ähnlicher als wir denken. Gerade Christen aus unterschiedlichen Ländern verbindet häufig viel mehr als das, was wir auf den ersten Blick für möglich halten. Ich verstand, wie wertvoll es ist, Menschen aus anderen Kulturen und Ländern mit einer Offenheit zu begegnen und sich auf sie einzulassen.

Ich glaube, in unserer heutigen Zeit ist das besonders wichtig. Aktuell versuchen viele Menschen aus anderen Ländern in unseren Gemeinden Fuß zu fassen, bei uns anzukommen und Wurzeln zu schlagen. So viele Menschen sehnen sich nach Freundschaft und echter Gemeinschaft. Es wäre so schade, wenn wir Freundschaften nicht zulassen würden, nur weil wir aus Vorsicht oder Bequemlichkeit nicht auf neue Menschen zugehen. Mit meiner Tansania-Erfahrung im Herzen begegne ich neuen Leuten heute ganz anders. Ich versuche Menschen nicht mehr in Schubladen zu stecken; sie nicht mehr in „Deutsche" und „Nichtdeutsche" zu unterteilen. Stattdessen will ich nur noch unterschiedliche Persönlichkeiten wahrnehmen und wertschätzen, gemeinsame Interessen finden und dann Räume schaffen, in denen Begegnungen stattfinden und Gemeinschaft gelebt werden kann. Wir werden erleben, dass die Vielfalt an Menschen, die wir dadurch kennenlernen, unser eigenes Leben auf wunderbare Weise bereichern wird.

## Mitten ins Leben

Wie begegnest du Menschen in deinem Umfeld aus anderen Ländern oder fremden Kulturen? Bei welchen Menschen hast du den Eindruck, dass euch nichts verbindet? Wie kommst du zu diesem Rückschluss?

## Alltagstipp

Lass dich an diesem Punkt einmal von Gott herausfordern: Geh auf jemanden in deiner Gemeinde oder in deiner Nachbarschaft zu, der auf den ersten Blick völlig anders als du erscheint, und lass dich vom Gegenteil überzeugen.

# Ein Wunder nur für mich!

Denn er neigte sein Ohr zu mir; darum will ich
mein Leben lang ihn anrufen.
Psalm 116,2; LU

Mein Mann und ich kamen ziemlich erschöpft und ermattet aus unserem Missionseinsatz in Tansania zurück. Zwei Wochen zuvor waren wir euphorisch und sehr ambitioniert aufgebrochen, um in diesem fernen Land Gott und den Menschen zu dienen. Mit Freude machten wir uns an die Arbeit – bis Christian nach wenigen Tagen ziemlich krank wurde. Er hatte eine hässliche Blutvergiftung bekommen und benötigte ab sofort starke Medikamente, viel Ruhe und Schlaf. Er war einen großen Teil unseres Aufenthalts also gar nicht mehr in der Lage gewesen, irgendwo anzupacken und zu helfen. Das frustrierte ihn sehr. Dann hatten wir auch noch erfahren, dass sein geliebter Opa gestorben war. Der Opa, mit dem er viel Zeit in seiner Kindheit verbracht hat; der Opa, mit dem er so viele schöne Stunden in der Werkstatt geschreinert und gebastelt hat. Der Verlust tat sehr weh. Seine Beerdigung fand am Tag unserer Landung statt, Gott sei Dank haben wir es gerade noch rechtzeitig geschafft, an ihr teilzunehmen.

Nur wenige Tage später sollte unser traditionelles Jugendcamp stattfinden, worauf wir uns beide schon sehr gefreut hatten. Doch schnell war klar: Christian würde zu Hause bleiben müssen. Er war noch immer sehr geschwächt und brauchte weiterhin Ruhe. Natürlich verstand ich das und wollte auch, dass er sich ausruht. Trotzdem war mein Herz ruhelos und meine Leitung zu Gott lief heiß: „Gott, hallo? Ist da jemand? Das ist doch alles nicht fair!" Ich verstand nicht, was das alles sollte, und fühlte mich überfordert bei dem Gedanken, das Camp nun ohne Christian leiten zu müssen. Doch ich hatte keine andere Wahl. Ja, in diesem Moment war ich mit Gottes Entscheidungen und Wegen so ganz und gar nicht einverstanden. Ich haderte damit und es fiel mir schwer, die Situation, so wie sie war, aus Gottes Hand anzunehmen.

Doch dann begann das Camp und es wurde wirklich eine tolle Zeit. Wir hatten eine Menge Spaß und erlebten immer wieder Gottes Gegenwart. Nur das Regenwetter machte uns etwas zu schaffen. Uns war klar: Wenn der Regen nicht aufhören würde, müssten wir alle Zelte zu Hause noch einmal aufbauen, damit sie trocknen können. Kein Weltuntergang, aber ein unnötiger Aufwand. Der Gedanke daran ermüdete mich und ich sagte deshalb immer wieder zu den Jugendlichen: „Lasst uns dafür beten, dass die Zelte trocknen."

Ich betete, schon fast trotzig, dass Gott mir doch bitte, bitte diesen Aufwand ersparen sollte. Dann kam der Abreisetag und immer noch waren alle Zelte nass. Doch ich betete weiter. Ich wollte es einfach nicht wahrhaben. Und dann schenkte Gott mir mein persönliches Wunder: Kurz vor der Abfahrt kam tatsächlich die Sonne heraus – und schien so stark, dass alle Zelte trocken wurden. Ich konnte meinen Händen kaum trauen, als ich über die komplett trockenen Zeltplanen strich. Was für ein Geschenk! Ich dankte Gott von ganzem Herzen und brauchte einen Moment für mich. Mir kamen die Tränen, weil ich ganz genau wusste: Dieses Wunder hatte Gott mir geschenkt. Er hat mein verzagtes Herz gesehen, meine Traurigkeit, meinen Frust. Und er wusste genau: Es ist Zeit für einen „Gruß von oben": „Nelli, ich bin bei dir. Hab keine Angst. Ich lasse dich nicht im Stich. Für dich schicke ich die Sonne." Das Wunder war in meinen Augen so groß, dass ich gar nicht aus dem Staunen herauskam, während die anderen Mitarbeiter mehr oder weniger unbeeindruckt weiter ihren Aufgaben nachgingen. Sie schienen das Wunder gar nicht so wundersam zu finden – und das wiederum wunderte mich. Anscheinend war wohl wirklich ich die Hauptadressatin dieses Wunders. Gott sah, dass ich es am dringendsten gebrauchen konnte.

In Psalm 116,2 steht: „Denn er neigte sein Ohr zu mir; darum will ich mein Leben lang ihn anrufen." Man spürt diesem Vers ab, dass der Schreiber Gott mit einem dringlichen Anliegen in den Ohren gelegen hatte und nicht davon abließ, bis Gott ihm antwortete. Irgendwann erhörte Gott tatsächlich sein Gebet und veränderte die Situation. Aus dieser Erfahrung heraus erkannte der Psalmenschreiber, dass Gott wirklich vertrauenswürdig war und ihn nicht fallen ließ. Gott hatte ihn nicht vergessen und stand an seiner Seite. Genau so ging es auch in mir in dieser Zeit.

Vielleicht kennst du auch Zeiten, in denen Gott dir sehr fern erscheint. Du strampelst dich ab und hast den Eindruck, Gott ist gegen dich – oder sieht dich zumindest nicht. Egal wie stark dieser Eindruck sich auch anfühlen mag, sei dir bewusst: Er stimmt nicht. Gott steht in deinen unerträglichsten Zeiten direkt neben dir. Er weicht niemals von deiner Seite. Aber manchmal nutzt er diese Zeiten, um unser Herz zu verändern. Manchmal will er uns etwas lehren. Einen Schritt weitergehen mit uns. Er lässt es zu, dass wir manchmal an den Rand der Verzweiflung kommen, weil er weiß, dass wir dann wieder Ausschau nach ihm halten werden; dass unsere Augen nur noch ihn suchen werden – dringlicher und sehnsuchtsvoller denn je. Und dann wird er sich finden lassen. Uns helfen. Und wir wissen, dass er es war.

Wir kennen Gottes gute Pläne für unser Leben nicht. Manchmal können wir sie nicht einmal am Horizont erahnen – aber es gibt sie. Gott ist gut und er ist treu. Er weiß genau, wie viel er dir zumuten kann und wie weit er deinen Glauben „dehnen" kann. Und manchmal, wenn er sieht, dass du mit deinem Latein am Ende bist, schenkt er dir ein Wunder. Mitten ins Chaos hinein. Mitten in deine Zweifel, Fragen und Anklagen. Mitten hinein in den Wirrwarr deiner Gefühle – ein Wunder. Nur für dich.

## Mitten ins Leben

Wo hat Gott dir schon einmal so ein Wunder geschenkt? Wo hat er dich mitten im Leben mit seiner Nähe überrascht, als du dachtest, er meint es nicht gut mit dir und wäre nicht bei dir? Danke Gott heute für deine Wunder! Er meint es gut mit dir.

## Alltagstipp

Vielleicht ist es dran, dass du dir eine Wunderwand gestaltest? Suche dir dafür eine Wand in deiner Wohnung aus und gestalte sie kreativ. Vielleicht mit einer Tafel, auf die du mit Kreide schreiben kannst, vielleicht mit kleinen Karten, Mini-Wäscheklammern, die du an eine Schnur hängst oder einfach mit knalligen Post-its? Viel Freude beim Gestalten und Wundersammeln!

# Wo ist die Muße eigentlich hin?

Ich bin der Weinstock, ihr seid die Reben.
Wer in mir bleibt und ich in ihm, der bringt viel
Frucht; denn ohne mich könnt ihr nichts tun.
Johannes 15,5; LU

Es gibt bei mir manchmal Tage, an denen sich ein grauer Schleier auf meinen Alltag legt. Alles wird zum farblosen Einerlei – schlafen, aufstehen, arbeiten, schlafen – und es geht wieder von vorne los. Vor allem in der dunklen Winterzeit geht es mir oft so. Manchmal fliegt das Grau des Winters durch mein Fenster hinein, legt sich schwer auf mein Herz und trübt in mir meine Freude und meinen Sinn für die Schönheit, die es selbst an solchen Tagen noch gibt. Ich sehe dann nur noch den Geschirrberg in der Küche, die Staubmäuse im Wohnzimmer, die Flusen auf meinem Badteppich und die Blätterstapel in meinem Büro. Einfach mal rausgehen und was anderes sehen, das will ich an diesen Tagen aber auch nicht. *Was soll draußen schon Tolles auf mich warten?*, denke ich mir dann frustriert, bleibe lieber daheim in meiner Unordnung. Und trinke noch einen Kaffee. Und esse noch eine Marzipanpraline. Die Gedanken fliegen. Immer wieder im Kreis. Ich sitze. Und tue nichts. Bin einfach nur da. Sitze. Gucke. Grüble.

In solchen Momenten kann ich mich so richtig in meine negativen Gedanken und Gefühle hineinsteigern, bis ich überhaupt keinen Grund mehr sehe, mich zu freuen – obwohl ich eigentlich weiß, dass es dafür genug Gründe in meinem Leben gibt. Ich sehe nur schwarz. Und mein Chaos. Ich weiß plötzlich gar nicht mehr, wie es sich anfühlt, für etwas begeistert zu sein, sich leidenschaftlich für eine Sache einzusetzen, etwas zu bewegen. Ich verliere die Vision für mein Leben aus den Augen und stochere stattdessen gedankenverloren in der Erde herum. Aber für diesen grauen, matten Zustand ist unsere Seele nicht geschaffen. Sie will fliegen, sie will sich bewegen, sie will sich begeistern und bei einer Sache ganz in ihrem Element sein. Daran erinnere ich mich irgendwann dann wieder und eine Sehnsucht macht sich in mir breit. Eine Sehnsucht nach mehr. Doch dann heißt es warten, bis es endlich wieder losgeht. Bis endlich wieder die Muße am Ärmel zupft. Bis sie mich wieder aufwirbelt, dass ich schleunigst nach einem Blatt, meinem Smartphone oder meiner Brötchentüte greifen muss, um Gedanken, Worte und Ideen festzuhalten.

Dieses Warten fällt schwer. Wann werden die Worte wieder aus meinem Herzen sprudeln und sich auf der nächstbesten beschreibbaren Fläche ergießen? Wann bricht endlich wieder das bunte Leben in mir aus? Wann wird der Staub wieder weggepustet, die Papierberge zur Seite geschoben und der Geschirrberg mal außer Acht gelassen? Wann bricht wieder dieser starke Lichtstrahl hinein – in mein graues Einerlei – und lässt die Staubkörner tanzen und den trüben Schleier schwinden?

Eine Antwort darauf können wir in Johannes 15,5 finden. Dort heißt es: „Ich bin der Weinstock, ihr seid die Reben. Wer in mir bleibt und ich in ihm, der bringt viel Frucht; denn ohne mich könnt ihr nichts tun." Ohne Gott gibt es keine bleibende Frucht, ohne ihn können wir nichts tun. Wir müssen deshalb immer wieder bei Gott „andocken" und in seiner Nähe leben. Vielleicht können gerade solche Zeiten, in denen wir zu viele dunkle Gedanken und zu wenige Träume in unserem Herzen haben, Zeiten sein, die uns neu daran erinnern. Die uns daran erinnern, dass wir Gott brauchen und in seiner Gegenwart und Liebe verwurzelt sein müssen, um aus seiner Kraft heraus zu schreiben, zu handeln, zu helfen und kreativ zu sein.

Jede noch so robuste Pflanze braucht gute Erde, genügend Feuchtigkeit und Sonne, um aufzublühen, damit andere sich an ihrer Schönheit erfreuen können. Sie kann nicht blühen und blühen und blühen – ohne auf gute Erde, Feuchtigkeit und Sonne angewiesen zu sein. Genauso ist es auch bei uns. Wie gut, dass unser „lebensspendendes Umfeld" uns bereits umgibt, wenn wir in Gott verwurzelt sind. Und dass es nur ein Gebet braucht und wir uns dann wieder wie Sonnenblumen zur Sonne, zu Gott hinwenden können: „Gott? Ich brauche dich." Wir können uns bei ihm fallen lassen, einfach bei ihm sein und seine Liebe neu für uns annehmen. Wir sind geliebt, ganz unabhängig davon, ob wir gerade voll „im Flow" sind und täglich mit einem motivierten Lächeln aufwachen, oder ob wir Tag für Tag tatenlos dasitzen und warten und warten und warten. Zeit mit Gott kann uns wieder ganz neu erfrischen und kreative Ideen in uns aufwirbeln lassen. Wir können eine andere Perspektive einnehmen, aus der wir plötzlich wieder eine Richtung erkennen. Und dann können wir uns, gefüllt mit neuem Leben, den Bereichen widmen, die wir gestalten dürfen.

Wir müssen uns in den grauen, unkreativen Zwischenzeiten nicht schlecht fühlen, weil wir so unproduktiv sind; vielmehr können wir diese Zeiten als verheißungsvolle Wartezeiten annehmen und umarmen. Wir dürfen einfach mal durchatmen und uns etwas Gutes tun. An die frische Luft gehen. Ein heißes Bad nehmen. Mit Gott reden. Er wird uns zu seiner Zeit wieder inspirieren und mit Freude, Kraft und Muße beschenken. Zu seiner Zeit werden die Ideen wieder anfangen zu sprudeln und neue Begeisterung wird entfacht. Zu seiner Zeit wendet sich das Blatt, das jetzt noch leer ist. Zu seiner Zeit ...

## Mitten ins Leben

Lebst du gerade „im Flow" oder könnte dein Alltag ein wenig mehr Frische und Leben vertragen? Gott will dich neu mit Leben füllen und dir guttun. Nutze sein Angebot, von ihm erfrischt und neu beauftragt zu werden.

## Alltagstipp

Leg mit deinem persönlichen Verwöhnungsprogramm los! Geh in die Natur, shoppe, jogge oder gönn dir mal etwas richtig Gutes zu essen. Lies ein inspirierendes Buch, schau dir einen tollen Film an, besuche ein Museum. Singe, rede mit Gott und lass dir von ihm etwas Gutes tun. Und denk daran: Du bist geliebt – gerade jetzt.

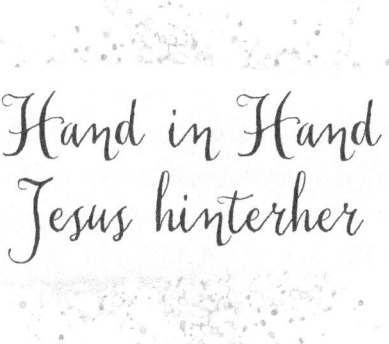

# Hand in Hand Jesus hinterher

Ordnet euch einander unter;
tut es aus Ehrfurcht vor Christus.
Epheser 5,21

Nach meiner intensiven Berufungsfindungsphase war ich mir sehr klar über meine Berufung – bis ich geheiratet habe. Die Hochzeit hat meine Berufung noch einmal ordentlich auf den Kopf gestellt. Ehrlich gesagt bin ich selbst heute, nach rund zwei Jahren Ehe, immer noch ein wenig verwirrt, wenn ich über das Thema Berufung nachdenke. Nachdem ich mich selbst mit Anfang 20 auf die Suche nach meinem Platz im Leben gemacht hatte, dachte ich, ihn mit Mitte 20 gefunden zu haben und in meiner Berufung zu leben. Doch dann kam – die Hochzeit.

Christian und mir war von Anfang an klar, dass wir *gemeinsam* im Reich Gottes „mitmischen" wollten. Natürlich hatte jeder von uns auch noch seine eigenen Bereiche, aber wir wollten künftig hauptsächlich zusammen für Gott unterwegs sein. Doch was bedeutete das für meine Arbeit als Autorin und Referentin? Sollte ich in diesem Bereich zurückschrauben und mit Christian etwas ganz Neues aus dem Boden stampfen? Wir sprachen und beten viel über dieses Thema. In der Ehe war es doch so wichtig, dass nicht jeder einfach seinen eigenen Träumen nachging, sondern schaute, wo sich Interessen und Leidenschaften trafen, denen man dann gemeinsam nachgehen konnte, oder?

Aber was waren diese Gemeinsamkeiten und wie konkret sollten wir sie ausleben? In Epheser 5,21 heißt es: „Ordnet euch einander unter; tut es aus Ehrfurcht vor Christus." Wenn man sich in einer Ehe gedanklich nur mit der eigenen Berufung beschäftigt – oder einer gemeinsamen, die der eigenen am ehesten entspricht – passiert es schnell, dass beide Seiten in unterschiedliche Richtungen laufen. Jeder hat seine eigenen Vorstellungen und jeder findet seine eigenen Ideen am besten. Daher braucht es das tiefe Vertrauen zueinander, dass man gemeinsam einen guten Weg finden wird und sich nicht verliert. Denn was würde schlimmstenfalls passieren, wenn jeder sein eigenes Ding macht? Dann würde der eine plötzlich lieber in eine andere Stadt ziehen, weil er glaubt, dort seiner Berufung besser auf die Spur kommen zu können, und der andere lieber da bleiben, wo er ist, weil dort sein Platz zu sein scheint. Das darf nicht sein. Man hat den Bund der Ehe geschlossen und dieser Bund ist Gott heilig. Damit ist ein Rahmen gesetzt, in dem über Berufung nachgedacht werden kann. Bei der Berufungssuche als Paar geht es also um die Frage, wo Gott Räume und Möglichkeiten eröffnet, die man *gemeinsam* gestalten kann. Was kann helfen, diese gemeinsame Richtung zu entdecken?

## Träumen erwünscht

Wenn man sich als Paar irgendwo einbringen möchte oder auch ein ganz neues Projekt aus dem Boden stampfen will, dann braucht es erst einmal den Raum, um zu träumen. Welche gemeinsamen Herzensanliegen bringen wir mit? Welche Stärken? Welche Einstellungen? Wie stellt man sich das Leben vor und bei welchen Ideen fangen die Augen an zu strahlen?

Träumen ist in dieser Phase mehr als erwünscht! Was gibt es auch Schöneres, als mit seinem Partner über die Zukunft nachzudenken, sich gegenseitig zu inspirieren – und dann zu erleben, wie Träume Konturen bekommen? Sobald eure Ideen konkreter werden, schreibt sie auf. Wenn ihr visuell veranlagt seid, könnt ihr euch auch eine Mindmap gestalten, auf der ihr eure Herzensdinge aufschreibt und sie vielleicht noch bebildert. Das haben wir vor unserer Hochzeit auch gemacht und viel Spaß dabei gehabt. Schaut, an welchen Stellen ihr Überschneidungen habt und in welchen Bereichen eine gemeinsame Leidenschaft entstehen könnte.

## Berufung zu leben ist eine langfristige Reise

Als junge Frau dachte ich: Wir beten und fragen Gott, was er mit uns vorhat und – schwuppdiwupp – wissen wir es und bringen uns dann in ein ganz bestimmtes Projekt oder einen Dienstbereich ein. Aber so ist es nicht. Berufung zu leben ist eine Reise, die immer weitergeht. Immer wieder können sich der Rahmen oder auch die konkreten Aufgaben ändern.

Immer wieder ist man neu gefragt, die gemeinsame Berufung zu finden und zu leben. Bei Christian und mir hat sich schon vor der Hochzeit herausgestellt, dass wir gern Jugendleiter sein wollten. Ich arbeitete schon seit vielen Jahren im Bereich Jugend mit und auch für Christian waren jüngere Menschen ein großes Anliegen. Genau zu dieser Zeit wurde in seiner Heimatgemeinde bekannt, dass die Jugend eine neue Leitung benötigte. Es dauerte jedoch noch eine gewisse Zeit bis klar war, dass wir nach der Hochzeit in Christians Heimat ziehen und diese Aufgabe übernehmen würden.

Heute sehen wir, dass Gott uns genau für diesen Platz vorbereitet hat. Wir leiten nun die Jugend unserer Gemeinde und sind sehr dankbar dafür, gemeinsam Jugendliche begleiten und prägen zu dürfen. Das ist unser Weg, den wir lieben und den wir gemeinsam gestalten. Aber wir ahnen, dass wir nicht ewig Jugendleiter bleiben werden, und lassen deshalb schon nächste Träume zu. Wir fragen uns: Was kommt danach? Wo will Gott uns gebrauchen? Wo öffnen sich vielleicht ganz neue Türen? Dabei ist es immer wieder ein Balanceakt, das Jetzt zu gestalten – ohne das Morgen auszuklammern.

Ich glaube, um wirklich etwas bewirken zu können, muss man mit beiden Beinen in seinem aktuellen Leben stehen und sich mit ganzem Herzen der Aufgabe widmen, die man gerade tut. Aber hin und wieder darf man den Adlerblick nach vorne wagen und träumend in die fernere Zukunft schauen. Letztendlich geht es beim Thema Berufung ohnehin nicht darum, an irgendeinem Zielort anzukommen, nach dem Motto: „Berufung gefunden – Check!" Mein und unser Leben als von Gott Berufene ist ein sehnsuchtsvolles Leben, das sich Tag für Tag aufs Neue nach Gottes Weisungen für den nächsten Schritt ausstreckt und offen für sein Reden bleibt.

### Eigene Bereiche sind echt in Ordnung
Zu Beginn unserer Ehe hatten Christian und ich, über beide Ohren verliebt, den Anspruch, wirklich das allermeiste zusammen zu machen und fast ausschließlich unseren gemeinsamen Aufgaben nachzugehen. Manchmal war dieser Anspruch auch eine Last, wenn wir zu sehr daran festhielten – zum Beispiel wenn Anfragen an uns herangetragen wurden, die eben nur einer von uns erfüllen konnte. Sollten wir alles absagen, was wir nicht zusammen machen konnten?

Mittlerweile haben wir uns als Paar noch mehr gefunden als zu Beginn unserer Ehe und ich bin froh, dass wir heute entspannter mit diesem Thema umgehen. Jeder von uns ist schließlich immer noch ein Einzelmensch, der sich auch allein in Aufgaben einbringen kann. Das ist absolut in Ordnung, solange es die Ehe nicht schwächt. Jedes Paar ist dabei sein eigener Spezialist und weiß, was noch in Ordnung ist und was einfach zu viel wäre. Auf das richtige Maß sollten beide in Liebe zueinander achten.

Neben der Suche nach unserer Paarberufung ist uns vor allem eins wichtig: das gemeinsame geistliche Leben. Es ist so wertvoll, wenn Paare regelmäßig gemeinsam beten, in der Bibel lesen und sich über geistliche Themen austauschen. Gott schenkt Berufung, aber es braucht auch die Zeiten mit ihm, um ihm den nötigen Raum zum Sprechen und Führen zu geben.

## Mitten ins Leben
Wie geht es euch als Paar mit dem Thema Berufung? Was bedeutet es für euch, gemeinsam Gottes Spuren zu folgen und von Gott Aufgaben zu bekommen? Habt ihr eure Berufung schon entdeckt?

## Alltagstipp

Lasst das Thema wirklich zu einem eurer großen Themen werden und geht einen ersten Schritt. Vielleicht ist es dran, ein Buch darüber zu lesen? Oder schon mal eine kleine Aufgabe gemeinsam anzupacken? Vielleicht ist es dran, das Thema erst noch mal im Gebet zu bewegen? Geht es an! Gott hat tolle Ideen für eure Ehe und euren Dienst.

# Heute – ein vernachlässigtes Geschenk

Mach uns bewusst, wie kurz das Leben ist, damit
wir unsere Tage weise nutzen!
Psalm 90,12

Ich habe mich schon sehr oft dabei ertappt, wie ich von dem Tag morgen oder irgendeinem anderen Zeitpunkt in der nahen oder ferneren Zukunft mehr erwartet habe als von dem Tag heute beziehungsweise dem Augenblick, den ich gerade durchlebe. *Nächstes Jahr im Sommer? Da bin ich auf jeden Fall fitter und schlanker, gar kein Problem! Bis dahin ist ja noch viel Zeit,* habe ich mir zum Beispiel schon oft gedacht. Anstatt heute schon mit kleinen Schritten auf mein Ziel zuzugehen, beruhigte ich mich mit der Vorstellung, dass ich morgen damit anfangen würde und dann alles besser sein würde. Doch irgendwann kam der nächste Sommer und nichts hatte sich verändert. Ich war im Heute keine Schritte gegangen, deswegen sah mein Morgen genauso aus wie mein altes Heute. Warum legen wir so viel Hoffnung auf „morgen", anstatt unser Heute wertzuschätzen?

Irgendwie sieht der Tag morgen doch immer toller aus als der Tag heute. Morgen wird das Leben einfacher. Morgen werde ich weniger Herausforderungen haben. Morgen werde ich noch viel erfolgreicher sein. Morgen habe ich mehr Geld und muss nicht mehr sparen. Morgen werde ich endlich meine Traumfigur haben. Morgen werde ich den Traumpartner an meiner Seite haben. Morgen werde ich einen richtig großen Freundeskreis haben. Morgen werde ich einen Traumjob haben. Morgen wird meine Beziehung zu Jesus richtig gut sein. Morgen werde ich nicht mehr zweifeln und tatsächlich nur noch vertrauen. Ich könnte ewig so weitermachen ...

Wir schrauben unsere Erwartungen sehr hoch, wenn wir an „morgen" denken, weil wir meinen, ganz genau zu wissen, wie unsere perfekte Zukunft aussehen soll. Sie lächelt uns in unserer Fantasie so verführerisch an, bis wir tatsächlich glauben, dass „morgen" alles besser wird und wir so richtig zufrieden und glücklich sein – dass wir so richtig durchstarten werden. Doch leider macht uns die Realität einen Strich durch die Rechnung. Sobald wir das Kalenderblatt abreißen und das Morgen zum Heute wird, erscheint uns der Tag so alltäglich und gewöhnlich; er ist genauso unspektakulär wie das gestrige Heute. Wir stellen fest: Das Morgen von gestern ist heute ein ganz normaler Tag – ohne Glitzer, ohne Schnörkel, ohne Feenstaub. Unsere Realität deckt sich oft nicht mit unseren Idealvorstellungen, wie alles sein und aussehen sollte.

Vielleicht haben wir unseren langersehnten Partner, doch irgendwie ist er nicht so romantisch wie wir es uns in unseren Träumen ausgemalt haben. Wir tanzen nicht gemeinsam bei Regen auf der Straße. Wir fahren nicht spontan samstagmorgens drei Stunden ans Meer, um eine Runde schwimmen zu gehen. Vielleicht haben wir endlich unseren Traumstudiengang begonnen, doch er ist so viel theoretischer als wir es uns erhofft hatten, außerdem müssen wir feststellen, dass der Unialltag so viel mehr Pauken und Hausarbeiten-Schreiben bedeutet als Feiern und die studentische Freiheit genießen. Vielleicht haben wir sogar den langersehnten Traumjob, doch auch da gibt es mal Papierstau im Drucker, Aufgaben, die uns weniger Spaß machen, und die hohen Erwartungen unseres Chefs, denen wir gerecht werden müssen.

Dass die Realität anders ist als unser Wunschdenken, kann schnell Frust in uns auslösen. Vielleicht sogar Hoffnungslosigkeit und Verzweiflung. Die Sehnsucht nach einem perfekten Leben erfüllt sich einfach nicht und wir müssen uns immer wieder mit einem halb fertigen und unvollkommenen Leben arrangieren. Doch warum tragen wir in unserem Herzen überhaupt diese Überzeugung, „morgen" müsste das Leben noch eine Schippe drauflegen und noch toller und lebenswerter werden? Warum glauben wir, dass wir „morgen" endlich unser Wunschtraumleben haben werden? Warum? Merken wir nicht, dass wir unser Leben im Heute verpassen, während wir auf „morgen" warten? Wann erkennen wir endlich das Besondere an „heute"?

In Psalm 90,12 stehen die weisen Worte: „Mach uns bewusst, wie kurz das Leben ist, damit wir unsere Tage weise nutzen!" Irgendwann gibt es kein Morgen mehr, das wir gestalten können. Was wir haben, ist einzig und allein heute.

Der Tag heute ist ein großes Geschenk. Gestern ist gelebt und vorbei. Daran können wir nichts mehr schrauben oder optimieren. Morgen dagegen ist noch nicht greifbar, morgen ist noch Zukunft. Wer weiß, ob wir morgen überhaupt noch leben werden?! Aber das Heute, das haben wir in der Hand. Gott bietet uns mit dem Tag heute so viele Chancen und Möglichkeiten an, die wir beim Schopfe packen und nutzen dürfen. Stell dir vor, wie es sich anfühlen würde, wenn wir jeden einzelnen Tag wie ein wertvolles Geschenk von unserem Schöpfer entgegennehmen und fröhlich auspacken würden – und wie wir auch Gott damit eine Freude bereiten würden?

Ich will mich *heute* neu dafür entscheiden, sensibel zu sein für die Schönheit dieses Tages. Heute will ich mein Leben bewusst und fröhlich zur Ehre Gottes leben. Heute will ich Jesus ein wenig ähnlicher werden. Heute will ich mich durch Gottes Wort prägen lassen. Heute will ich jemanden etwas Gutes tun. Heute will ich meine Arbeit sorgfältig und mit viel Kreativität erledigen. Heute will ich mit meiner guten Freundin joggen gehen, damit ich nächsten Sommer vielleicht wirklich fitter bin. Heute will ich ein Lied singen. Heute will ich einen Latte macchiato mit viel Milchschaum genießen. Heute will ich mit Jesus reden. Heute ist ein Geschenk von Gott an mich. Und dieses Geschenk lässt mein Herz höherschlagen. Deins auch?

## Mitten ins Leben

Schiebst du auch häufig Dinge auf morgen? Wie stellst du dir dein Leben morgen vor? Stell dir vor, du beginnst heute schon deine Träume von morgen zu leben. Stell dir vor, du würdest stärker auf heute als auf morgen schauen. Wie würde das deinen Alltag verändern?

## Alltagstipp

Was sind deine größten Wünsche? Fixiere sie heute. Mach sie fest. Triff eine Entscheidung. Geh einen kleinen Schritt. Arbeite an der Beziehung zu deinem Mann, zu deiner Schwester. Fang mit einem kleinen Dienst in deiner Gemeinde an. Gestalte heute dein Morgen!

# Ein wunderschönes Mosaik

> Unser Körper besteht aus vielen Teilen,
> die ganz unterschiedliche Aufgaben haben.
> Ebenso ist es mit uns Christen. Gemeinsam bilden
> wir alle den Leib von Christus, und jeder Einzelne
> ist auf die anderen angewiesen.
> Römer 12,4+5

Ich bin immer wieder fasziniert davon, wie unterschiedlich Gott Menschen und – jetzt mal konkret – uns Frauen begabt hat. Das kommt auf eine so wunderschöne Art und Weise zum Vorschein, wenn verschiedene Frauen zusammen ein Event organisieren – ganz egal, ob das eine Freizeit, ein Gemeindefest, ein großer Frauentag oder irgendein anderes Projekt ist. Viele unterschiedliche Frauen bringen viele unterschiedliche Gaben mit. Ich denke so gern an verschiedene Frauenevents zurück, bei denen ich das Privileg hatte, mit ganz vielen begabten Frauen zusammenzuarbeiten. Während die eine schon leuchtende Augen bei dem Gedanken bekam, wie sie die Location dekorieren könnte, welche Blumen gerade zu der Jahreszeit passten und wie man die Gestecke am besten basteln könnte, war die andere schon begeistert dabei, sich passende Songs zum Thema der Veranstaltung zu überlegen, die sie am liebsten sofort mit ihren Musikerfreunden geprobt hätte. Dann gab es natürlich noch die begnadeten und kreativen Back- und Kochmädels, die es liebten, sich für Stunden in der Küche zu verschanzen, um Cupcakes, tolle Torten oder irgendwelche exotischen Drinks zuzubereiten. Und dann waren da auch immer die Frauen, die total gern Gäste begrüßten, viele Menschen einluden, für das Projekt beteten oder spendeten.

Jede dieser Frauen leistete ihren ganz persönlichen Beitrag für das Projekt. Durch die Zusammenarbeit wurde es zu einem vollen Erfolg und alle Beteiligten waren danach glücklich und zufrieden. Jede Frau war an der Stelle gewesen, die Gott für sie vorgesehen hatte, und konnte ihm dort mit ihren individuellen Gaben dienen. Allein das tun zu dürfen, erfreut das Herz und fördert die Produktion von vielen Glückshormonen. Ja, es macht immer wieder große Freude, für Jesus unterwegs zu sein und ihm mit anderen Menschen zu dienen.

Neulich habe ich ein Event mehr oder weniger allein mit einer Freundin auf die Beine gestellt. Es war machbar und am Ende war es auch eine schöne Veranstaltung, aber mir wurde beim Planen und Organisieren immer wieder bewusst, dass mit einem so kleinen Team einige Bereiche nur stiefmütterlich behandelt werden konnten. So gab es zum Beispiel nur eine recht dezente Dekoration und nicht ganz so ausgefallene Drinks. Außerdem merkten wir, dass die vielen anderen Frauen fehlten, die sonst kräftig für das Event einladen und alles im Herzen mittragen. Wer ein Projekt allein angeht, muss eben auch größtenteils allein kämpfen und alles stemmen.

Im Römerbrief 12,4+5 schreibt Paulus: „Unser Körper besteht aus vielen Teilen, die ganz unterschiedliche Aufgaben haben. Ebenso ist es mit uns Christen. Gemeinsam bilden wir alle den Leib von Christus, und jeder Einzelne ist auf die anderen angewiesen." Er betont mit den Versen ganz deutlich, dass wir einander brauchen. Wir alle profitieren von der Zusammenarbeit. Natürlich gibt es Menschen, die schon allein sehr viel mitbringen und vieles auch ohne die Hilfe von anderen gut hinkriegen würden. Doch das Besondere an einem Projekt liegt darin, dass viele Menschen ihr Bestes dafür gegeben und ihr ganzes Herzblut in die Sache investiert haben. Man gab das, wofür das Herz brannte; alle Gaben wurden sinnbildlich gesprochen auf einen Stapel in die Mitte gelegt, um daraus etwas Großes machen zu können. Diese Bereitschaft der Mitwirkenden zeigte, dass die gemeinsame Sache mit gegenseitigem Respekt und mit großer Wertschätzung gestemmt wurde. Jeder gestaltete dann seinen eigenen Bereich und zusammen wurde daraus ein wunderschönes Mosaikbild – mit unterschiedlichen Akzenten, mit unterschiedlichen Beiträgen und Ideen.

Zusammenarbeit führt manchmal jedoch auch zu Frust und Ärger, weil es zu Konflikten aufgrund unterschiedlicher Überzeugungen kommen kann. Jeder muss deshalb bereit sein, manche eigenen Vorstellungen loszulassen und zu akzeptieren, wenn eine Entscheidung in einem anderen Bereich nicht so ausfällt, wie man sie selbst getroffen hätte. Aber wenn man dem anderen in seinem Bereich seine Freiheiten gewährt, wird das Ergebnis am Ende meist viel schöner, als wenn einer allein alles entschieden hätte. Die Schönheit liegt nun einmal in der Vielfalt und ich glaube, dass diese Vielfalt zu Gottes Traum von Gemeinde gehört. Ich kann mir richtig gut vorstellen, wie sich ein Lächeln auf seinem Gesicht breitmacht, wenn er sieht, wie unterschiedliche Menschen mit ihren unterschiedlichen Gaben zusammenkommen und sich für eine Sache, für ein Projekt in seinem Reich stark machen und dabei gegenseitig voneinander profitieren. Das muss ein wahres Fest im Himmel sein.

## Mitten ins Leben

In welchem Bereich liegen deine Gaben? Was macht dir Freude, wobei vergisst du schon mal die Zeit? Wo siehst du Möglichkeiten, um dich mit deinen Gaben in einem Team einzubringen? In welchem Bereich bist du gerade aktiv, obwohl er vielleicht gar nicht zu deinen Gaben passt?

## Alltagstipp

Entscheide bei Anfragen, die an dich herangetragen werden, mehr danach, ob sie zu deinen Leidenschaften und Fähigkeiten passen, als danach, ob gerade jemand in diesem Bereich gebraucht wird. Es ist viel besser, wenn Aufgaben von Menschen erfüllt werden, die eine Leidenschaft für das haben, was sie tun, anstelle von Menschen, die es tun, weil sie sich dazu verpflichtet fühlen. Das heißt natürlich nicht, dass man nicht trotzdem übergangsweise mal einspringen kann, wenn wirklich Not am Mann ist.

# Wenn dem Herz die Augen aufgehen

Und er gebe euch erleuchtete Augen des Herzens,
damit ihr erkennt, zu welcher Hoffnung ihr
von ihm berufen seid, wie reich die Herrlichkeit
seines Erbes für die Heiligen ist und wie
überschwänglich groß seine Kraft an uns ist,
die wir glauben durch die Wirkung seiner
mächtigen Stärke.
Epheser 1,18+19; LU

In unserer Vorstellung schillert das neue Projekt, der neue Wohnort oder die neue Aufgabe in bunten Farben. Wir malen uns den neuen Abschnitt wunderschön aus und vergessen dabei manchmal, dass die Realität uns schneller einholen kann als uns lieb ist. Genauso habe ich es auch erlebt. Ich war enttäuscht. Von einer neuen Aufgabe – aber auch von Gott. Ich fragte ihn: „Warum hast du mir diese Tür überhaupt geöffnet? War es ein Irrweg? Habe ich dich vielleicht falsch verstanden?"

Ich war traurig darüber, dass sich meine Hoffnung nicht bestätigt hatte und die Realität so anders aussah als meine Wunschvorstellung. Außerdem hatte ich Angst zu versagen – und Angst vor einer Entscheidung, die alles wieder auf null stellen würde. Zwischen Gott und mir gab es in dieser Zeit nur wenig Kommunikation. Auf einer Radtour sagte ich zu Christian: „Zwischen Gott und mir ist gerade irgendwie Funkstille. Ich kann sein Handeln absolut nicht nachvollziehen." So ging das ein paar Wochen lang, in denen ich immer wieder Fragezeichen nach oben schickte. Während ich nur Bahnhof verstand, sprang mal mein „seelischer Überlebensmotor" an. Es ratterte in mir: Ich stellte mir alle möglichen Szenarien vor, wie es jetzt weitergehen könnte. In meinen Kopf klackerte es, als wenn jemand in rasender Geschwindigkeit auf einer alten Schreibmaschine tippte. *Was will ich eigentlich? Welche Sehnsucht trage ich in meinem Herzen?* Immer wieder kam ich zu dem Schluss, dass zwischen Wunsch und Realität eine riesengroße Differenz war. Aber ein Tag änderte plötzlich sehr viel.

Ich war gerade mit meinem Auto unterwegs – als ich eine tiefe Sehnsucht verspürte, mit Gott Zeit zu verbringen. Ich machte die Musik aus. „Gott? Ich will dir gern mal was sagen", fing ich an. Und dann öffnete ich Gott mein Herz und sprach mit ihm ganz ehrlich über meine Träume. Ich hörte auf, mich nur selbst mit meinen Träumen zu beschäftigen, sondern nahm Gott ganz bewusst mit ins Boot. Er war es schließlich, der mich liebte und der mir meine Träume ins Herz gelegt hatte. Er war es, der alle Fäden in der Hand hielt und der die tollen Möglichkeiten, die sich in der Zukunft auftun würden, schon jetzt kannte. Und er war es, der mir die Wege dorthin ebnen konnte. Ja, er war es doch, der mich führte und sämtliche Stationen in meinem Leben gebrauchen konnte, um mich zu verändern und mir ganz neue Perspektiven zu eröffnen.

Durch dieses Gespräch fasste mein Herz neuen Mut. In mir wuchs ein ganz neuer, frischer Glaube, weil meine inneren Augen plötzlich so viel mehr sahen als die äußeren Umstände. Ich hörte auf, gegen Gottes Führung anzukämpfen, stattdessen nahm ich sie vertrauensvoll an; fand ein Ja dazu. Ich entschloss, mit Liebe und Hingabe das Beste aus der aktuellen Situation zu machen. Ich vertraute mich ganz bewusst Gottes Wegen an, weil er schon weiter sah. Jede noch so herausfordernde Situation ist ein Meilenstein in seiner Geschichte mit mir. Und jeder Meilenstein bringt mich weiter, fördert mich, prägt mich. Ich muss deshalb immer wieder los- und weitergehen, um von Gott geführt zu werden. Denn wenn ich stehen bleibe, kann er mich auch nur schwer irgendwohin leiten. Nur wenn ich mich auf Situationen einlasse und Schritte wage, dann kann er mich führen und beschenken. Er meint es gut mit mir und er kennt meine Sehnsucht. Sie ist ihm nicht egal. Gott nahm mir an diesem Morgen den Schleier von meinen enttäuschten Augen und schenkte mir wieder ein Strahlen. Die Angst wich und Gottvertrauen machte sich breit.

In Epheser 1,18+19 steht der hoffnungsvolle Satz: „Und er gebe euch erleuchtete Augen des Herzens, damit ihr erkennt, zu welcher Hoffnung ihr von ihm berufen seid, wie reich die Herrlichkeit seines Erbes für die Heiligen ist und wie überschwänglich groß seine Kraft an uns ist, die wir glauben durch die Wirkung seiner mächtigen Stärke." Erleuchtete

Augen des Herzens lassen sich nicht von äußeren Herausforderungen und Enttäuschungen ihr Strahlen nehmen. Sie erkennen im undurchdringbaren Dickicht aus Chaos und Frust Gottes liebevolles Handeln. Ja, sie suchen Gott in all dem Durcheinander und vertrauen darauf, dass das gerade nur eine große Umbauphase ist, an deren Ende Gott etwas Wunderbares aus dieser Situation gestalten wird. Mit erleuchteten Augen des Herzens finden wir ein klares Ja zu unserer Situation, weil sie Teil von Gottes Plan für unser Leben ist – Teil der Geschichte, die er mit uns schreiben will. Wir ahnen, dass uns die Situation irgendwann zu ganz neuen Ufern bringen wird. Erleuchtete Augen des Herzens lassen es immer wieder zu, dass Gott ihren Blick weg von den Problemen hin zu ihm lenkt. Plötzlich geht es uns nicht mehr nur um eine möglichst schöne, unkomplizierte Zeit ohne schmerzhafte Herausforderungen. Vielmehr erkennen wir gerade in dieser Situation, dass Gott uns prägen und unser Herz verändern will, „damit ihr erkennt, (...) wie überschwänglich groß seine Kraft an uns ist, die wir glauben durch die Wirkung seiner mächtigen Stärke." Was für ein wunderschöner Versabschnitt!

In Zeiten von Frust und Enttäuschungen weicht unsere Lebensfreude. Wir werden müde und erschöpft und resignieren. Unsere Seele hat sich durch das viele Grübeln wundgescheuert und wir haben den Eindruck, als würden wir immer und immer wieder gegen eine harte Betonwand rennen. Das kostet uns enorm viel Kraft. Aber das Gute daran ist: Gott kann in uns in dieser Zeit eine ganz neue Glaubenskraft wecken. Er kann uns mitten im Niemandsland neuen Aufwind schenken, sodass wir die herausfordernde Situation auf einmal ganz anders anpacken und bewältigen können. Wir dürfen gespannt sein, was er mit all den gerade so chaotisch erscheinenden Situationen in unserem Leben noch vorhat.

## Mitten ins Leben

Wann hast du zuletzt eine derbe Enttäuschung erlebt? Wie hat diese deine Beziehung zu Gott beeinflusst? Wie geht es dir jetzt mit dieser Enttäuschung? Was hast du dadurch vielleicht verstanden oder neu für dich annehmen können?

## Alltagstipp

Öffne deine „erleuchteten Augen" ganz bewusst. Fang an, in Zeiten von Enttäuschung, Chaos und Frust nicht mehr Sackgasse zu sehen, sondern Visionen, Zukunft und Weite. Das fällt schwer und ist herausfordernd – doch Gott selbst hilft uns dabei und will neue Glaubenskraft in uns wecken.

# Von der Freiheit, nicht alles machen zu können

Wenn ich mit Menschen- und mit Engelszungen redete und hätte der Liebe nicht, so wäre ich ein tönendes Erz oder eine klingende Schelle. Und wenn ich prophetisch reden könnte und wüsste alle Geheimnisse und alle Erkenntnisse und hätte allen Glauben, sodass ich Berge versetzen könnte, und hätte der Liebe nicht, so wäre ich nichts. Und wenn ich alle meine Habe den Armen gäbe und meinen Leib dahingäbe, mich zu rühmen, und hätte der Liebe nicht, so wäre mir's nichts nütze.
1. Korinther 13,1-3; LU

Wenn man sich ein wenig durch *Instagram* klickt, begegnen einem ganz viele unterschiedliche Frauen auf den Bildern. Da gibt es die leidenschaftlichen Frauen, die ambitioniert ein Projekt gestartet haben und leiten und einfach viel im Leben „reißen". Sie stecken viel Herzblut in das, was sie tun, und leiten ihre Sache mit Geschick und Hingabe. Vielleicht leiten sie ein Missionsprojekt? Vielleicht ein soziales Projekt? Sie haben ihr langfristiges Herzensprojekt gefunden und sich damit ein Lebenswerk geschaffen. Wow. Beeindruckend. Was wäre dieses Herzensprojekt bei mir? Wäre es nicht cool, wenn ich auch etwas initiieren und eine richtig große Sache starten würde?

Auf *Instagram* begegne ich aber auch noch anderen Frauen. Geschäftstüchtigen Frauen, visionäre Unternehmerinnen mit wirtschaftlichem Erfolg. Sie inspirieren viele Menschen mit einem Produkt oder einer Idee und kommen sehr viel herum. Sie haben vielleicht ein eigenes Unternehmen gegründet, waren damit vielleicht sogar bei der Sendung „Höhle der Löwen" und beschäftigen mittlerweile ihr eigenes Personal. Wow – sehr beeindruckend. Habe ich vielleicht auch eine (Produkt-)Idee, die noch keiner vor mir hatte? Auf vielen Bildern lächeln mir aber auch fröhliche Mamas mit ihren süßen Kindern entgegen – beim Erdbeerpflücken, beim Blumengießen mit bunten Gummistiefeln, beim Plätzchenbacken und wieder denke ich mir: Wow, was für beeindruckende glückliche Frauen! Sie scheinen nie gestresst zu sein und ein unfassbar idyllisches Leben zu führen. Wäre so ein Leben nicht auch etwas für mich?

Und dann gibt es da noch die praktisch veranlagten Frauen, die vieles selbst machen: Marmelade, Holunderblütensirup, Müsli, Brot, Pflegeprodukte. Und natürlich die Frauen, die

die unglaublichsten Torten backen, bei denen ich mich jedes Mal frage: Warum kann ich eigentlich nur die einfachen Rezepte umsetzen und habe so viel Respekt vor Gelatine, Hefe und Biskuit? Ich sehe alles, was diese Frauen selbst machen und denke: Wow – das müsste ich auch mal alles können!

Ganz ehrlich: Am liebsten hätte ich das alles in meinem Leben. Ich will erfolgreich in meinem Job sein, will Menschen mit guten Gedanken inspirieren, will eine tolle Ehefrau sein und würde gern noch mehr in das „traute Heim" investieren, will eine super Jugendleiterin sein, wäre gern die Weltenbummlerin, die heute hier und morgen dort ist oder die Pilgerin, die sich monatelang ausklinkt, um auf dem Jakobsweg oder anderen tollen Wegen unterwegs zu sein, ich will die ernährungsbewusste und detailverliebte Hausfrau sein, die fast alles selbst macht, und ich will die treue Jesusnachfolgerin sein, die sich mit ganzer Kraft in die Gemeinde und ins Reich Gottes investiert, und ganz nebenbei möchte ich natürlich auch noch viele kreative und innovative Projekte starten. Ich will alles sein. Und noch viel mehr. Aber – Überraschung – das funktioniert nicht!

Ich kann nicht alles sein, auch wenn unsere Gesellschaft uns immer wieder die Illusion verkaufen will, dass wir jederzeit alles sein, tun und werden können. Es ist schlicht und ergreifend nicht wahr. Wir haben viele Möglichkeiten, aber wenn wir eine davon wählen, dann fallen andere dafür weg. Wenn ich gern als Jugendleiterin einen engen Draht zu meinen Jugendlichen aufbauen will, kann ich keine Weltenbummlerin sein. Diese beiden Rollen können nicht zusammengebracht werden. Wenn ich viel und gern arbeite und beispielsweise die Chefin eines großen Unternehmens bin, dann fallen andere Bereiche dafür hinten herunter. Vielleicht sind es mein Sport, meine intensiven Freundschaften oder meine abwechslungsreiche und ausgewogene Ernährung, die dann zu kurz kommen? Wenn ich mich dazu entscheide, mich ganz in ein Missionsprojekt im Ausland zu investieren, dann kann ich mit großer Wahrscheinlichkeit nicht gleichzeitig eine modische Trendsetterin sein, die viel Zeit und Kraft in ihren Stil und ihr Aussehen investiert.

Natürlich kann ich manche Rollen kombinieren. Ich kann in Teilzeit arbeiten und gleichzeitig ein wenig mehr Zeit für meine Familie haben. Vielleicht schaffe ich es so, meinen Fuß in der Tür zum Berufsleben zu behalten und gleichzeitig für meine Liebsten ein warmes Nest zu schaffen. Aber ich darf dabei nicht den Anspruch haben, in beiden Bereichen perfekt zu sein. Bei einer Teilzeitstelle werden in meinem Job immer Dinge liegen bleiben und im Haushalt genauso. Letztendlich muss ich damit leben, dass ich keine „Superwoman" bin und dass mir immer wieder einmal Aufgaben vor die Füße fallen werden, die ich nur nicht perfekt erledigen kann, weil ich mit meinen unterschiedlichen Rollen jonglieren muss. Ich bin nun einmal ein Mensch, der nur ein begrenztes Maß an Zeit und Kraft hat und der innerhalb dieser eigenen Begrenzungen leben muss. Aber wie mache ich das am besten? Welche Rolle priorisiere ich? Wer oder was will ich wirklich sein?

Dieser Frage sollten wir versuchen, ganz ehrlich auf die Spur zu kommen. Aber dabei will ich dir eine Sache mitgeben: Vertraue darauf, dass Gott dich ganz persönlich führt. Er hat dich geschaffen mit all deinen Stärken – aber auch deinen Begrenzungen. Beide sind ein Indikator dafür, was Gott mit dir vorhat. Dazu legt er dir Aufgaben in den Weg, die du annehmen und gestalten kannst. Sei im Wirrwarr der unterschiedlichen Rollen, immer du selbst. Du musst nicht das Gleiche schaffen, was eine andere Frau vielleicht schafft. Jede Frau ist einzigartig von Gott geschaffen worden. Das Pensum, das die eine noch leisten kann, kann für die andere schon zu viel sein. Die eine Frau erlebt alles sehr intensiv und benötigt deshalb mehr Zeit, um die Erlebnisse und Erfahrungen zu verarbeiten, während die andere viel mehr in die Breite lebt und deshalb innerhalb kürzerer Zeit mehr bewältigen kann. Jede Frau ist unterschiedlich gestrickt und begabt und darf dementsprechend das für sie gut zu bewältigende Pensum in engem Austausch mit Gott abstecken. Einen letzten Gedanken möchte ich dir mitgeben: Tu nur so viel, wie dein Herz lieben kann. Alles andere ist zu viel.

## Mitten ins Leben

Welche Rollen hast du im Leben? Welche Rolle vernachlässigst du immer wieder? Welche Rolle kostet dich besonders viel Kraft? Bist du aktuell zufrieden, was die Balance der unterschiedlichen Rollen im Leben betrifft?

## Alltagstipp

Tu heute alles ganz bewusst. Wenn du Zeit mit deinem Ehemann verbringst, dann genieße sie von ganzem Herzen. Wenn du heute ein paar Stunden in ein Herzensprojekt investierst – dann genieße es von ganzem Herzen. Wenn du mit deinen Kindern spielst – dann genieße es von ganzem Herzen.

# Hallo Schwiegermutter, lass uns Freunde sein!

> Ein Mann verlässt seine Eltern und verbindet sich
> so eng mit seiner Frau, dass die beiden eins sind
> mit Leib und Seele.
> Epheser 5,31

Einen Moment während meines Junggesellinnenabschieds werde ich nie vergessen: Wir saßen mit zehn Mädels in einem Partyboot und schipperten gemütlich bei lauter Musik und super Stimmung über die Lahn. Zwischendurch spielten wir lustige Spiele, die die Mädels für mich vorbereitet hatten. Bei einem Spiel sollte ich meinen bereits verheirateten Freundinnen Fragen rund um das Thema Ehe stellen. Eine davon war: „Welche Tipps habt ihr für einen guten Umgang mit der Schwiegermutter?" Plötzlich entstand ein betretenes

Schweigen. Niemand sagte auch nur ein Wort. Die verheirateten Mädels versuchten, sich gegenseitig etwas zu entlocken, aber irgendwie hatte niemand einen guten Rat auf Lager.

In diesem Moment wurde mir klar, dass die Beziehung zwischen Schwiegermutter und Schwiegertochter offensichtlich herausfordernd sein kann. Ich nahm für mich den Gedanken mit: „Es muss doch einen Weg geben, dass die Beziehung zwischen Schwiegermama und Schwiegertochter Freude bereitet ..."

Mit der Heirat des Herzallerliebsten hat man plötzlich eine zweite Familie: einen zweiten Papa, eine zweite Mutter und neue Geschwister. Ich weiß noch, dass ich ein wenig aufgeregt war, als ich meine Schwiegereltern kennengelernt habe. Der erste Eindruck war jedoch richtig positiv und ich habe mich gleich wohl bei ihnen gefühlt. Christians Eltern erinnerten mich von ihren Werten, ihrem Auftreten und teilweise auch ihren Persönlichkeiten ein bisschen an meine eigenen. So fühlte sich der Umgang mit ihnen fast schon vertraut an.

Als wir zusammenkamen, wohnte Christian noch zu Hause, deshalb lief ich meinen Schwiegereltern wirklich oft über den Weg. Wir aßen gemeinsam und bekamen viel voneinander mit. Es war eine aufregende Zeit für uns alle. Christian und ich bereiteten uns auf unseren großen Tag vor und seine Eltern fieberten mit und unterstützten uns überall, wo wir Hilfe benötigten.

Dann kam der Moment, als wir unsere Autos vollgepackt hatten und zu meinem Heimatort aufbrachen, wo unsere Hochzeit stattfinden sollte. Christians Eltern standen an der Straße und winkten uns hinterher – und mir kamen plötzlich die Tränen, weil mir klar wurde, dass dieser Moment ein

Moment des Abschieds für meinen Mann bedeutete. Er zog nun aus dem Haus seiner Eltern aus und ein ganz neues Kapitel wurde aufgeschlagen.

Mit dem Beginn unseres Ehelebens wurde die Beziehung zu Christian natürlich noch einmal intensiver. Wir brauchten viel Zeit zusammen, um als Ehepaar zueinanderzufinden, den Alltag in neue Strukturen zu gießen und nebenbei unser gemeinsames Leben aufzubauen. Diese Phase verlief parallel zu der Phase, in der die Schwiegereltern sich auf ihr neues Leben – ohne Sohn im Haus – umstellen mussten. Sie mussten sich daran gewöhnen, dass sie ihn nun nicht mehr so häufig sahen wie früher und dass der Kontakt weniger wurde. Diese Phase war für alle Beteiligten manchmal herausfordernd, denn jeder war herausgefordert, die neue Situation mit offenen Armen anzunehmen und sich auf sie einzulassen. Die neue Konstellation der Familie brauchte Zeit, Gnade, Liebe und Vertrauen, bis sie sich wie eine lieb gewonnene, vertraute Routine anfühlte. Wenn man eine neue Familie gründet, ist das Loslassen der Eltern sehr wichtig, damit man als junges Paar ins Leben starten kann. In Epheser 5,31 steht: „Ein Mann verlässt seine Eltern und verbindet sich so eng mit seiner Frau, dass die beiden eins sind mit Leib und Seele." Was kann helfen, damit der neue Lebensabschnitt bereichernd wird und auch zwischen Schwiegermutter und Schwiegertochter eine tolle Beziehung entstehen kann?

## Verständnis zeigen

Es muss allen Beteiligten bewusst sein, dass diese Phase emotional und für niemanden ganz leicht ist. Die Schwiegereltern wohnen nicht mehr mit dem Sohn in einem Haus und sind nicht mehr täglich mit ihm in Kontakt. Das ist eine große Veränderung. Der Sohn konzentriert sich auf seine Ehe und braucht Zeit und Kraft, um sich auf diesen neuen Abschnitt einzustellen. Viel Vertrautes ist nicht mehr da, alles ist neu und aufregend. Durch die Heirat ist die Schwiegertochter plötzlich Teil der Familie ihres Mannes. Da braucht es Geduld, Offenheit und einen gnädigen Umgang miteinander, um die neuen Beziehungsverhältnisse positiv zu gestalten. Als Schwiegertochter muss ich zum Beispiel verstehen, dass gerade zu Beginn der Ehe ein paar Anrufe mehr mit den Eltern durchaus in Ordnung sind. Man sollte nicht alles auf die Goldwaage legen, nur weil es für den eigenen Geschmack vielleicht zu viele werden könnten. Es kann ein Mittelweg gefunden werden zwischen: „Wir müssen jetzt unser Ding machen und die sollen uns in Ruhe lassen" und „Komm, wir fahren wieder zu deinen Eltern und rufen sie am besten mehrmals täglich an". Aber dieses Auspendeln braucht Zeit, Geduld und Gnade.

## Vertrauen fördern

Die Schwiegermutter steht auf der einen, die Schwiegertochter auf der anderen Seite und in der Mitte der arme Sohn, beziehungsweise Ehemann, der hin und hergerissen ist. Dieses Spannungsverhältnis kann nur aufgelöst werden, wenn sich die beiden Frauen nicht als Rivalinnen sehen. Im Gegenteil: Aus dieser Beziehung kann eine tolle Beziehung entstehen. Meine Schwiegermama und ich treffen uns gelegentlich für ein gemeinsames Frühstück, für einen DVD-Abend oder eine Shoppingtour. So haben wir schon einige schöne Stunden zu zweit erlebt. Ich finde es toll, dass wir so eine gute Beziehung haben und sogar schon zu viert, mit unseren Männern, zusammen im Urlaub waren und viele schönen Dinge gemeinsam erlebt haben. Wenn Vertrauen wächst, wenn man sich schätzt und unterstützt, sich gegenseitig nichts Böses will und idealerweise auch einfach die Chemie stimmt, dann kann die Beziehung mit den Schwiegereltern unglaublich wertvoll sein.

## Von Herzen Zeiten gönnen

Meine Mutter meinte einmal zu mir: „Gönn deiner Schwiegermutter doch auch mal Zeit mit ihrem Sohn." Das war ein echter Aha-Moment für mich. Warum wurde ich zickig, wenn meine Schwiegermutter mal etwas allein mit ihrem Sohn bequatschen wollte? Warum „durfte" sie meiner Meinung nach keine Zeit mehr mit ihm haben? Wovor hatte ich eigentlich Angst? Mein Mann hatte sich für ein gemeinsames Leben mit mir entschieden und sein Elternhaus verlassen. Also konnte ich mich doch locker machen und irgendwelche unbegründeten Ängste loslassen.

## Gute Kommunikation pflegen

Es passieren immer wieder Dinge, durch die sich jemand verletzt fühlt, weil er oder sie sich etwas anderes erhofft hat. Das ist normal, weil jeder seine eigenen Erwartungen hat. Aber es ist hilfreich, wenn man ehrlich miteinander redet und dabei „Ich-Botschaften" sendet. „Ich fände es schön, wenn ..." und „Mich würde es sehr freuen, wenn ...". So weiß jeder, wie der andere denkt und welche Erwartungen er hat, und man kann sich aufeinander einspielen – ohne dass sich der andere angegriffen fühlt.

Ganz ohne Reibungen wird sich das Miteinander zwischen den Schwiegereltern und dem jungen Paar vermutlich nicht einspielen. Doch es ist gut und hilfreich, wenn jeder entspannt ist und einer guten Beziehung und einem vertrauensvollen Miteinander nicht im Weg steht.

Nach knapp zwei Ehejahren kann ich sagen, dass die Beziehung zu meinen Schwiegereltern richtig gewachsen ist und mir viel Freude bereitet. Dafür bin ich sehr dankbar und ich freue mich auf viele weitere schöne Jahre mit dieser Familie, die meine geworden ist.

## Mitten ins Leben

Wie geht es dir mit deiner Schwiegermutter, falls du schon verheiratet bist? Was hat dich in eurer gemeinsamen Geschichte verletzt und was gibt es vielleicht noch zu bereinigen? Welche schönen Erinnerungen teilt ihr? Wann hattet ihr eine echt gute Zeit zusammen?

## Alltagstipp

Wenn nötig: Fass dir ein Herz und lass dich auf ein ehrliches Gespräch mit deiner Schwiegermutter ein. Sprecht offen über die Punkte, die dich und vielleicht auch sie verletzt haben – und macht etwas Schönes zusammen. Lass es zu, dass eine gesunde und gute Beziehung zwischen euch entstehen kann. Und dann – gestaltet diese Beziehung. Wer weiß, vielleicht entsteht daraus eine Freundschaft?

# Freunde sind überlebenswichtig

Gott, der Herr, sagte: Es ist nicht gut,
dass der Mensch allein ist.
1. Mose 2,18

Ich war noch mitten in meiner Umbruchphase und alles kam mir irgendwie wahnsinnig anstrengend vor. Mein Herz war unruhig und meine Gedanken ratterten, als sich plötzlich eine neue Freundin bei mir meldete und fragte, wie es mir ginge. In mir entstand ein Konflikt: Sollte ich authentisch sein und ihr erzählen, dass mein Tag bisher eher bescheiden gewesen war und ich das Gefühl hatte, dass mein ganzes Leben gerade aus den Fugen geriet? Ich gebe zu, manchmal reagiere ich emotional ein bisschen über. Eigentlich wusste ich, dass nicht alles so schrecklich war, wie es sich in diesem Moment anfühlte. Aber so bin ich eben manchmal. Sollte ich meiner Freundin nun auch diese Seite von mir anvertrauen und ihr einen Blick in mein aufgewühltes Herz gewähren? Oder sollte ich lieber einfach sagen, dass der Tag „so lala" gewesen sei und dann schnell das Thema wechseln?

Nach einigem inneren Ringen entschied ich mich für die Authentizität und schickte ihr eine Sprachnachricht. Ich erzählte ihr offen und ehrlich, dass ich gerade ziemlich frustriert und unglücklich war und einfach nicht mehr weiterwusste. Und dann? Dann schickte sie mir eine liebe und sehr ermutigende Nachricht zurück. Ihre Worte taten meiner aufgekratzten Seele gut und ließen mich ein wenig aufatmen. Und noch etwas passierte: Durch diesen ehrlichen Blick in mein Innerstes gewann unsere Freundschaft ein ganzes Stück mehr an Tiefe.

An diesem Tag hielt ich für mich fest, wie wichtig Echtsein für eine Freundschaft ist. Nur wenn wir uns authentisch begegnen und uns gegenseitig hinter die Fassade blicken lassen, wird wahre Freundschaft möglich. Nur so kann Vertrauen wachsen und Offenheit entstehen. Nicht nur in dieser Situation – immer wieder habe ich erlebt, wie ein Gespräch mit einer guten Freundin meine Seele erfrischt hat. Natürlich waren nach diesen Gesprächen die Herausforderungen nicht auf einmal weggeblasen, doch es kehrte eine neue Hoffnung ein. Häufig bekam ich durch ein Gespräch eine andere Perspektive auf meine aktuelle Situation und allein das veränderte schon sehr viel.

Direkt im ersten Buch der Bibel stehen die bekannten Worte: „Gott, der Herr, sagte: ‚Es ist nicht gut, dass der Mensch allein ist'" (1. Mose 2,18). Diese Worte, die häufig bei Trauungen zitiert werden, müssen sich nicht nur auf die Ehe beziehen. Ich bin davon überzeugt, dass dieser Vers viel mehr beinhaltet. Er deutet darauf hin, dass wir Menschen für die

Gemeinschaft geschaffen sind. Menschen, die sich bewusst isolieren und den Kontakt zu anderen meiden, bekommen oft eine Depression oder eine andere psychische Krankheit. Ja, Einsamkeit kann auf Dauer krank machen. Jeder Mensch braucht den Kontakt zu anderen, die Interaktion mit Gleichgesinnten. Manchmal haben wir zwar Kontakte, aber sie sind so oberflächlich, dass wir uns tief drinnen trotzdem einsam fühlen. Selbst in Großstädten, in denen so viele Menschen auf engstem Raum zusammenleben, gibt es deshalb viele einsame Menschen. Und dass wir einsam werden, passiert von ganz allein, wenn wir nichts dagegen tun. Wenn wir uns nach Gemeinschaft sehnen, müssen wir uns bewusst danach ausstrecken.

Konkret bedeutet das vielleicht, dass wir anfangen, um gute Freunde zu beten. Ich durfte schon mehrfach erleben, dass Gott mir tolle Menschen über den Weg geschickt hat. Manchmal musste ich ein wenig länger auf sie warten, aber dann schenkte Gott mir ganz besonders tolle Freundinnen. Nach meinen Umzügen stand ich immer wieder vor der Herausforderung, Gott neu zu vertrauen, mich nach neuen Freunden vor Ort umzuschauen und offen für Gottes Geschenke zu sein.

Wenn es um Freunde geht, hat jeder natürlich seine eigenen Vorstellungen. Aber wie wäre es, wenn wir uns wirklich für genau die Menschen öffnen, die Gott uns schickt? Manchmal dachte ich, dass ich mit einer Person nicht „gut könnte". Aber nachdem ich mich auf sie eingelassen hatte, stellte ich fest, dass wir anscheinend doch sehr gut miteinander konnten. Wir wurden Freunde.

Natürlich braucht es beim Thema Freunde auch immer wieder Mut. Mut, um jemanden einfach mal auf einen Kaffee einzuladen. Mut, auch mal eine unschöne Seite von sich zu zeigen oder von den Problemen zu erzählen, mit denen man sich gerade herumschlägt. Und schließlich auch den Mut, eine Freundschaft nicht aufzugeben, auch wenn es mal zähe Phasen geben sollte. Durch gute Freundschaften wird man immer wieder belohnt. Denn was gibt es Schöneres, als sich mit guten Freunden zu treffen und diese tiefe Verbundenheit und herzliche gegenseitige Annahme zu spüren? Wie wertvoll sind die Momente, in denen man auf einen langen gemeinsamen Weg blicken kann, auf dem man schon viele Situationen zusammen gemeistert hat? Ja, gute Freundschaft lohnt sich!

## Mitten ins Leben
Welche deiner Freundschaften schätzt du besonders? Was bedeutet dir Freundschaft allgemein? Was ist dir in einer Freundschaft besonders wichtig und wie kannst du diese Sache noch mehr kultivieren? Was möchtest du zukünftig in deinen Freundschaften anders machen?

## Alltagstipp
Vielleicht fühlst du dich aktuell ein wenig einsam und sehnst dich nach neuen Freunden? Dann überlege dir doch, mit wem du gern mal einen Kaffee trinken oder eine Runde laufen gehen würdest, und schreib dieser Person einfach eine Nachricht. Du hast schließlich nichts zu verlieren, aber möglicherweise viel zu gewinnen!

# Gottes „dufte Frauen"

Ja, weil Christus in uns lebt,
sind wir zur Ehre Gottes ein Wohlgeruch,
der sowohl zu denen dringt, die gerettet werden,
als auch zu denen, die verloren gehen.
2. Korinther 2,15; NGÜ

Ich liebe tolle Düfte. Immer wieder entdecke ich ein neues Parfum für mich, das ich dann für ein paar Jahre trage. Aber irgendwann habe ich genug von dem Duft und suche mir einen neuen. Erst neulich habe ich wieder einen faszinierenden Duft entdeckt, der so besonders ist, dass ich ihn nur zu Feiertagen und besonderen Anlässen auftrage. Ich liebe diesen Duft! Er ist nicht zu süß und nicht zu herb und hat irgendetwas Geheimnisvolles. Ja, er riecht irgendwie nach der Welt von Aladin und „Tausendundeine Nacht". Ein wahres Geruchserlebnis!

Ich mag es auch total gern, wenn andere Menschen Parfum tragen und ihre Duftaromen noch in der Luft hängen bleiben, nachdem sie den Raum schon längst verlassen haben – vorausgesetzt der Duft ist ein angenehmer, versteht sich. Generell bin ich ein Geruchsmensch. Ich liebe nicht nur den Duft von gutem Parfum, sondern auch viele andere Gerüche: den Duft von einem nassen Waldboden, den Duft von frisch gewaschenem Haar, den Duft von gutem Essen, den Duft von eingekochter Erdbeermarmelade und natürlich den Duft von einem neuen Buch. Was für ein Geschenk, dass wir all das riechen können!

Auch in der Bibel werden Düfte erwähnt. Dabei denke ich vor allem an das Hohelied, das einem beim Lesen beinahe die Sinne vernebeln kann. Man spürt förmlich, wie es bei diesem leidenschaftlichen Dialog zwischen den zwei Geliebten knistert. Sie umwerben sich und zeigen sich dabei von ihrer besten Seite. Ganz offensichtlich können sich diese beiden „gut riechen". In ihrem Liebesspiel wird auch der Duft von gutem Salböl erwähnt: „Köstlich riechen deine Salben; dein Name ist eine ausgeschüttete Salbe, darum lieben dich die Mädchen" (Hohelied 1,3; LU).

An einer anderen Stelle ist in der Bibel sogar von Gottes Geruchssinn die Rede. Im Alten Testament lesen wir mehrfach, dass er den Geruch der Tieropfer liebt. So steht in 3. Mose 6,14 (LU) zum Beispiel: „Vermengt sollst du es herbeibringen, und in Stücken gebacken sollst du es opfern zum lieblichen Geruch für den Herrn."

Warum Gott den Duft von verbranntem Fleisch gut findet? Ich glaube, weil er dahinter die Herzenshaltung und Motivation der Menschen, die für ihn etwas geopfert haben, kennt. Mal opferten sie, weil sie Gott danken wollten, ein anderes

Mal, weil sie etwas zu bereinigen hatten und Gott ihr Opfer als Schuldopfer brachten. Und Gott liebt es, wenn Menschen danken und um Vergebung bitten. Er liebt es, wenn Menschen sich ihm zuwenden, und deswegen liebt er auch den Geruch der Brandopfer.

Im Neuen Testament steht, dass wir als Nachfolger Jesu sogar selbst ein Wohlgeruch für Gott sein können. Paulus schreibt in 2. Korinther 2,15: „Ja, weil Christus in uns lebt, sind wir zur Ehre Gottes ein Wohlgeruch, der sowohl zu denen dringt, die gerettet werden, als auch zu denen, die verloren gehen." Wow, wir Christen sind für Gott ein Wohlgeruch! Jesus lebt in uns und schafft in uns ein neues Leben, das Gott ehrt. Und genau darüber freut sich Gott sehr. Er „riecht", dass neues Leben in uns aufkeimt und sich immer mehr Bahn bricht. Dieses neue Leben wird sichtbar für unsere Familie, für unsere Arbeitskollegen, für unsere Freunde, Bekannten und Nachbarn. Wenn wir Jesus in uns Raum geben, werden wir ihm immer ähnlicher, und das bleibt nicht unbemerkt.

Jesus hat uns, als er als Mensch auf dieser Welt war, einen ganz neuen Lebensstil vorgelebt. Wo andere Menschen ausgegrenzt haben, hat er willkommen geheißen. Wo andere Menschen gesetzlich waren, hat er Nächstenliebe gezeigt. Wo andere Menschen ungeduldig waren, blieb er ruhig. Er hat viel mehr gegeben, als er jemals genommen hat. Er hat Menschen mit Worten und Taten beschenkt und ihnen gutgetan – auch wenn es die größten Außenseiter waren. Er hat sich mit jedem Menschen „abgegeben" und ist nicht nur zu den wohlhabenden, angesehenen Menschen der Gesellschaft gegangen. Im Gegenteil: Jesus ging immer genau dorthin, wo niemand sonst hingehen wollte. Er schaute dort genau hin, wo andere Menschen wegschauten. Er suchte nicht das

Weite, wenn es ihm zu eng wurde. Er blieb und er liebte. Damit prägte er die Menschen, die ihm begegneten, berührte und veränderte sie. Genau dieser Jesus wohnt durch den Heiligen Geist in uns und er wünscht sich, dass auch wir uns immer mehr für diese Art zu leben öffnen. Puh, das könnte ganz schön anstrengend für uns werden, oder? Vielleicht klingt es so, aber es ist nicht so, denn wir dürfen wissen, dass wir das alles nicht aus eigener Kraft tun müssen – ja wir *können* es nicht einmal aus eigener Kraft tun. Jesus selbst wird die Veränderung in uns bewirken. Er wohnt in uns und wird persönlich dafür sorgen, dass dieses neue Leben in uns aufblühen kann. Das Einzige, was wir tun müssen, ist, uns für ihn zu öffnen und dann seinen Wohlgeruch durch uns hindurch in unser Umfeld strömen zu lassen.

Woran können Menschen erkennen, dass wir „dufte Frauen" sind, Frauen, die Jesus in ihrem Herzen tragen? Ich glaube, wenn ich sage: „an der Liebe", trifft es das am besten – an der Liebe in all ihren Facetten. Man erkennt uns als „dufte Frauen", wenn wir (wieder) anfangen, Menschen aufrichtig zu lieben und ihnen Gutes zu tun. Wenn wir Frauen sind, die ihre Augen aufmachen, um nach Möglichkeiten zu suchen, anderen Menschen Wertschätzung entgegenzubringen. Und ich meine damit keine oberflächliche, strategisch eingesetzte Wertschätzung wie die von irgendwelchen elitären Erfolgsunternehmen, die Wertschätzung als Teil ihrer Unternehmensphilosophie anpreisen, aber eigentlich nur die Mitarbeiter an sich binden und ihre Produkte vermarkten wollen. Ich meine selbstlose Aktionen der Wertschätzung, bei denen wir keine Gegenleistung erwarten oder uns insgeheim irgendeinen Profit für uns selbst erhoffen. Welche Aktionen können das sein? Ganz einfach: zum Beispiel ein kleines Kompliment für die freundliche Bäckerin, ein netter Small Talk mit dem Tankwart, ein spontanes Lächeln für einen Fremden oder deinen Euro im Einkaufswagen für jemanden, der gerade kein Kleingeld dabeihat. Vielleicht sagst du auch einfach mal Menschen „Danke" für die Arbeit, die sie tun? Oder du findest gerade für die Person ein paar wertschätzende Worte, mit der du immer wieder Diskrepanzen hast. Wir können in der Gemeinde auf neue Menschen zugehen, um sie willkommen zu heißen, oder Freunde in einer Krise ermutigen, den Blick wieder auf Jesus zu richten und neue Hoffnung zu schöpfen. Wertschätzend zu sein kann manchmal auch nur etwas Passives sein, zum Beispiel wenn wir bewusst mit einer entspannten Haltung einkaufen gehen, um die Kassiererin und die Menschen in der Schlange nicht zu stressen.

Ja, wahre Wertschätzung nimmt den anderen in den Blick. Wer wertschätzend lebt, achtet auf die Menschen in seinem Umfeld und besonders auf die, die gerade kein Lächeln auf den Lippen tragen und ein bisschen Wertschätzung echt gebrauchen könnten. Vielleicht sprechen wir sie das nächste Mal einfach an und fragen, wo der Schuh drückt? Und wer weiß, vielleicht ergibt sich daraus spontan ein gutes Gespräch über Gott und seine große Wertschätzung und Liebe zu uns Menschen? Wenn wir in einer wertschätzenden Haltung durch unseren Alltag gehen, verbreiten wir damit einen wunderbaren Duft, der nach echter Liebe und wahrem Leben riecht – Gottes Duft, der betören kann wie kein anderer.

Und am einfachsten versprühen wir diesen Duft, wenn wir ihm selbst immer wieder „nachschnuppern". Wenn wir uns immer und immer wieder anstecken und motivieren lassen von Gottes durchdringender Liebe zu uns. Ja, dann wird sich seine Liebe in unserem Leben Bahn brechen und durch uns zu vielen anderen Menschen fließen. Als „dufte Frauen" dürfen wir gemeinsam mit Jesus die Welt verändern. Eine dufte Sache, oder?

## Mitten ins Leben
Was glaubst du, nach was „riecht" dein Leben? Lebst du wertschätzend? Gibst du Jesus Raum in deinem Herzen, damit er in jedem Bereich deines Lebens seinen „himmlischen Duft" verbreiten kann?

## Alltagstipp
Lege dir heute zur Feier des Alltages deinen Lieblingsduft auf und gehe bewusst als eine „dufte Frau" durch den Tag. Wo kannst du jemanden ermutigen und mit einer kleinen Aktion der Wertschätzung beschenken? Wo kannst du heute einen Unterschied machen?

# Behüte dein Herz!

Behüte dein Herz mit allem Fleiß,
denn daraus quillt das Leben.
Sprüche 4,23; LU

Schon oft habe ich es in meinem Leben erlebt, dass ich mit negativen Gedanken und Gefühlen zu kämpfen hatte – zum Beispiel in Momenten, in denen ich sauer auf eine Person war und ihr dann erst einmal nichts Gutes mehr wünschen konnte. Nach manchen Vorfällen wurde ich sogar richtig aggressiv und wollte am liebsten etwas kaputt machen. In mir hatte sich so viel negative Energie angestaut, dass ich sie irgendwie rauslassen musste. Aber weil ich es nun einmal nicht übers Herz bringe, wirklich irgendetwas kaputt zu machen, fange ich in solchen Momenten stattdessen an, jämmerlich zu weinen – vor Wut, vor Hilflosigkeit, vor Trauer.

Dann gibt es Situationen, in denen ich mit meinem eigenen Versagen umgehen muss. Meine natürliche Reaktion darauf ist, dass ich mich selbst anfeinde und kritisiere und damit den negativen Gefühlen in mir Raum gebe. Dann ist plötzlich alles schlimm. Überall leuchten mir meine Versagensmomente wie rote Lämpchen entgegen. Je länger ich auf diese roten Lampen starre, umso kleiner fühle ich mich. Schnell gesellt sich zu dem frustrierenden Gefühl, versagt zu haben, auch die Unzufriedenheit über andere Lebensbereiche. Und schon sitzt man mitten im Moor von seinen depressiven und lebensverneinenden Gedanken. Vermutlich kennst du auch solche Zeiten, in denen du keinen Weg mehr aus deiner verfahrenen Situation siehst?

Ich glaube, das sind klassische Situationen, in denen wir auf die Anfechtungen des Teufels reinfallen. Er weiß ganz genau, was unsere blinden Flecke und wunden Punkte sind, und er versucht immer und immer wieder, diese zu treffen, um uns zur Sünde zu verleiten und uns und unsere Beziehungen zu zerstören. Ich kann mir gut vorstellen, dass er sich ins Fäustchen lacht, wenn er es wieder einmal geschafft hat: Wenn wir weinen, weil uns alles sinnlos erscheint, oder wenn wir Hassgefühle gegenüber anderen Menschen oder uns selbst in unserem Herzen tragen.

Gott ist die Liebe und der Teufel ist der Hass – ganz grob heruntergebrochen. Gott sehnt sich danach, dass wir ihn, unseren Nächsten und uns selbst lieben; dass wir unseren Mitmenschen gegenüber freundlich gesinnt sind und so seine Liebe an sie weitergeben. Der Teufel arbeitet daran, dass das Gegenteil passiert. Er will, dass wir uns selbst hassen, unserem Nächsten nur Schlechtes wünschen und am besten noch eine Mauer zwischen uns und Gott hochziehen. Wenn er das schafft, hat er sein Ziel erreicht. Gott steht für das Leben und der Teufel steht für den Tod. Gott freut sich, wenn wir uns am Leben erfreuen und uns lebendig fühlen – ja, wenn wir vor erfülltem Leben überfließen. Der Teufel freut sich, wenn wir keinen Sinn mehr sehen, wenn wir frustriert und bitter sind und uns selbst und andere Menschen kaputt machen.

Doch wie können wir uns vor seinen giftigen Angriffen schützen? Wie können wir es vermeiden, von ihm immer wieder an unseren wunden Punkten getroffen zu werden? Ich glaube, einen Schlüssel dafür finden wir in Sprüche 4,23: „Behüte dein Herz mit allem Fleiß, denn daraus quillt das Leben." Wir bekommen zunächst nur einen schlechten Gedanken, doch dann lassen wir zu, dass er sich in unserem Herzen einnistet und Wurzeln schlägt. Innerhalb weniger Sekunden kann er sich dort ausbreiten und zu wucherndem Unkraut werden, das vieles kaputt macht. Ein Gedanke allein kann noch nicht viel zerstören, aber sobald wir ihm Raum in unserem Herzen geben und ihn mit den entsprechenden Emotionen füttern, wird er größer und größer – bis wir bald nur noch ihn sehen.

Wenn man sich erst einmal in Rage geredet hat, schafft man es kaum noch, seine herausplatzenden Worte zu kontrollieren und sich wieder zu beruhigen, bevor man den anderen verletzt. Aber wann man noch die Chance hat, diesen negativen Gefühlsausbruch zu vermeiden – ist ganz am Anfang. Ganz am Anfang, wenn sich dieser kleine fiese Gedanke meldet und man noch die Möglichkeit hat, ihn sachlich zu begutachten und dann einfach wegzuschicken, bevor er es sich in unserem Herzen gemütlich macht.

Jede emotionale Eskalation kann bei unserem Gegenüber viel kaputt machen. Lasst uns alles dafür tun, dass der Teufel sich immer seltener über einen Sieg freuen kann! Denn jeder Sieg von ihm ist ein Sieg zu viel. Mit Gott an unserer Seite sind wir stärker als er und können seinen giftigen Pfeilen widerstehen. Ja, Gott selbst hilft uns, auf unser Herz aufzupassen! Wenn der Teufel uns zuflüstert: „Du bist hässlich und eine absolute Versagerin", können wir ihn als Vater der Lüge entlarven und erwidern: „Nein, du lügst. Gott sagt, dass ich wundervoll geschaffen und zutiefst geliebt bin. Außerdem hat er einen großartigen Plan für mein Leben. Mit Gott ist mir alles möglich, selbst wenn ich manchmal scheitere." Die Bibel ist voll von Gottes Zusprüchen für uns. Wir können die Lügen des Teufels gegen die Wahrheiten Gottes eintauschen.

Lasst uns doch unser Herz wie einen wunderschönen Garten sehen und auf ihn achtgeben. Wenn wir erkennen, dass sich irgendwo Unkraut ausbreiten möchte oder Blattläuse einen Baum überfallen haben, dann lasst uns direkt eine Gegenmaßnahme ergreifen und das Unkraut ausreißen und die Blattläuse entfernen! Je früher wir das tun, umso kleiner bleibt der Schaden.

## Mitten ins Leben

In welchen Bereichen deines Lebens zielt der Teufel immer wieder giftige Pfeile auf dich? Durch welche Erfahrungen hast du erkannt, welche negativen Auswirkungen diese Angriffe auf dich hatten? Was könnte dir helfen, bei der nächsten Anfechtung besser zu reagieren und schneller die Absicht des Teufels dahinter zu erkennen?

## Alltagstipp

Sei wachsam, wenn der nächste emotionale Angriff droht, und fall nicht darauf rein! Halte inne und bete zu Gott. Bitte ihn, mit seinem Wort dagegenzuhalten und, von ihm gehalten, widerstehen zu können. Denk daran: Gott ist immer größer!

# Glitzermomente von gestern sind Dankmomente von heute

*Gutes und Barmherzigkeit werden mir
folgen mein Leben lang.*
Psalm 23,6; LU

Noch ziemlich müde stand ich auf und fing an, in der Küche sauber zu machen. Überall standen noch Teller, Tassen und Backutensilien mit Teigresten herum. Im Topf auf dem Herd war noch ein wenig Glühwein, den keiner mehr trinken wollte. Das Chaos hatte es sich in meiner Küche so richtig gemütlich gemacht. Kurz wollte ich mich darüber aufregen. *Aber Moment! Dieses Chaos erinnert mich doch an gestern – an einen wundervollen Abend mit neuen Freundinnen!*, schoss es mir dann durch den Kopf. Dieser Gedanke veränderte sofort meine Sicht.

Ich lebte erst seit Kurzem mit meinem frisch gebackenen Ehemann in seiner Heimat und war gerade dabei, an diesem neuen Ort Fuß zu fassen und richtig anzukommen – in der Ehe und in der Familie meines Mannes, in der Gemeinde und in meinem gesamten neuen sozialen Umfeld. Gestern hatte ich mich einfach mal mit zwei Mädels zum Plätzchenbacken verabredet. Ich hatte das Treffen zwei Tage lang vorbereitet, alles schön hergerichtet und sämtliche Zutaten für unsere ausgefallenen Plätzchenkreationen besorgt. Haselnussmakronen und leckere Kokos-Marmeladenplätzchen wollten wir backen. Tatsächlich bewiesen wir unsere Qualitäten als Weihnachtsbäckerinnen und die Plätzchen schmeckten köstlich! Außerdem hatten wir viel Spaß in der Küche. Zwischendurch war Christian spontan auf die Idee gekommen, ein lustiges Fotoshooting in der Weihnachtsbäckerei zu machen. Wir amüsierten uns prächtig! Es wurde sehr viel gelacht, geplaudert und einfach die gemeinsame Zeit genossen. Wir lernten uns besser kennen und öffneten uns einander. Es war schon spät, als Sonja und Daniela sich schließlich verabschiedet hatten. Wir hatten diesen schönen Abend so richtig ausgekostet und es blieben so viele schöne Momente in meinem Herzen zurück. Es sind diese „Glitzermomente", die Gott in mein Leben streut und die ich als Geschenke aus seiner Hand entgegennehmen darf.

Als ich noch einmal über all das nachdachte, war mir das Chaos plötzlich egal, und ich wurde so dankbar, dass mir die Tränen kamen. Gott versorgte mich mit allem, was ich brauchte. Mit neuen Freundinnen. Mit Freude an diesem normalen Wochentag. In meiner unaufgeräumten Küche betete ich still: „Danke, Gott. Du bist es, der mir so einen wundervollen und unvergesslichen Adventstag schenkt!" Und so konnte ich den Segen und die „Glitzermomente" des vergangenen Tages in den neuen Tag mitnehmen.

Im bekannten Psalm 23,6 schreibt David die wunderschöne Zeile: „Gutes und Barmherzigkeit werden mir folgen mein Leben lang." Ich mag diesen Vers sehr, denn er betont, wie beständig Gott ist, dass er uns jederzeit mit Barmherzigkeit begegnen und mit Gutem beschenken will. An jedem Tag dürfen wir neu Gottes Liebe mitten im Alltag entdecken und erfahren, wie gut er es mit uns meint. Manchmal braucht es jedoch nur eine Nacht, um wieder zu vergessen, wie unfassbar gut Gott gestern noch zu mir gewesen ist. Vielleicht habe ich einfach nicht so gut geschlafen und bin ein wenig zerknittert aufgewacht – schon scheint es, als gäbe es keine Gründe für mich, um dankbar zu sein. Dabei zeigte sich Gott erst gestern verschwenderisch großzügig und überschüttete mich mit seiner Liebe und Freundlichkeit.

Auch in der Bibel begegnet uns dieses Phänomen immer wieder: Das Volk Israel hatte Tag für Tag erfahren dürfen, dass Gott sie versorgte. Dennoch liefen sie immer wieder Gefahr, undankbar und pessimistisch zu werden. Tag für Tag kümmert sich Gott um unser kleines Leben und immer wieder stehen wir vor der Entscheidung, unsere Augen für das Gute im Leben zu öffnen oder es schlicht und ergreifend zu ignorieren und nur nach Gründen zum Meckern zu suchen. Und Gründe zum Meckern finden, das können wir Deutsche richtig gut. Irgendetwas passt immer nicht. Wenn wir gerade keine persönlichen Gründe zum Meckern haben, dann ist es eben das Wetter oder die Rente, die Politik oder die Gesellschaft im Allgemeinen, die uns stört. Meckern ist ein Kinderspiel – das fällt niemandem schwer. Aber sich bewusst zu entscheiden, das Gute hervorzukehren und Gott dafür zu danken – das ist manchmal schwer und benötigt Kraft. Aber genau so eine Einstellung und so ein Verhalten ehrt Gott. Er steht mitten im Alltag an unserer Seite. Er versorgt uns, liebt uns und gibt uns alles, was wir brauchen.

Vielleicht fallen uns gerade jetzt viele Dinge ein, die er uns noch nicht gegeben hat, und schon werden wir wieder unzufrieden. Aber ich frage mich manchmal, was alles passieren müsste, damit wir wirklich einmal rundum zutiefst zufrieden sind? Ist es in diesem Leben überhaupt möglich, dass unsere Sehnsucht nach mehr endgültig gestillt wird? Vielleicht lohnt es sich, über diese Frage einmal länger nachzudenken. Mein Wunsch ist es jedenfalls, dass ich in Zukunft viel häufiger danken als meckern möchte. Ich möchte das nächste Mal gleich dankbar an den schönen Abend zurückdenken, anstatt mich über die Spuren zu beklagen, die dieser Abend hinterlassen hat. Gutes und Barmherzigkeit werden mir folgen ein Leben lang. Das will ich glauben, das will ich in meinem Herzen bewahren und davon will ich erzählen.

## Mitten ins Leben

Welcher Moment war gestern oder in der letzten Woche ein wunderschöner „Glitzermoment" für dich? Vielleicht waren es sogar mehrere und du könntest eine ganze Schüssel mit Glitzer füllen? Wie könntest du dir diese „Glitzermomente" im Herzen bewahren?

## Alltagstipp

Warum stellst du dir nicht ein „Glitzermomente-Glas" an einem Ort in deiner Wohnung auf, an dem du immer wieder vorbeikommst? Wenn du dich wieder neu dazu entscheiden willst, eine dankbare Lebenseinstellung zu bekommen, dann überlege dir doch am Ende des Tages ein oder zwei Glitzermomente, schreibe sie auf und werfe sie in das Glas. Mach dir ganz neu bewusst, dass Gott dich jederzeit mit Gutem beschenken will.

# Nur dieser eine Schritt

Befiehl dem Herrn dein Leben an und
vertraue auf ihn, er wird es richtig machen.
Psalm 37,5

Ich war allein im dunklen Herbstwald unterwegs. Meine Gedanken und Gefühle überschlugen sich. Ich wusste einfach nicht, was ich machen sollte. Schon seit einigen Monaten war unklar, ob ich meine Arbeitsstelle zum neuen Jahr behalten würde. Ich war damals noch Redakteurin für ein christliches Jugendmagazin und richtig glücklich mit diesem Job. Viele Magazine hatten wir als Redaktionsteam bereits gestaltet und durften Jugendliche damit für Gott begeistern. Nun stand hinter dieser Arbeit ein großes Fragezeichen. Einer der Herausgeber des Magazins hatte sich aus dem Projekt zurückgezogen und der zweite musste nun prüfen, ob meine Stelle nach dem Ende der Kooperation weiterhin finanzierbar sein würde. Würde es dort für mich weitergehen oder würde ich mir bald etwas ganz Neues suchen müssen?

In mir wuchs die Unsicherheit – und die Angst. Wie würde die Entscheidung ausfallen? Das Magazin war doch viel mehr als nur ein Job für mich; es war meine Berufung! Was würde ich machen, wenn dieser Weg tatsächlich zu Ende gehen sollte? Einige Ideen hatte ich bereits abgeklopft und mich auf andere Stellen beworben, doch leider führten bisher alle Schritte ins Leere. Nun sah ich keine Optionen mehr für mich. Ich wusste absolut nicht mehr, was Gott mit mir vorhatte. Irgendwie fühlte ich mich von ihm im Regen stehen gelassen. Nicht in einem leichten Sommerregen – nein, in einem kalten Platzregen.

Irgendwann stampfte ich gedankenverloren durch den nebelverhangenen Herbstwald. Plötzlich schien es mir, als stellte Gott mir diese eine Frage: „Nelli, vertraust du mir?" Nicht mehr und nicht weniger, nur diese eine Frage. Ich wusste ganz genau, dass meine Zukunftsängste und mein Misstrauen gegenüber Gott wie eine Blockade in meinem Herzen waren. Schon lange war ich nicht mutig genug, um diesen einen Schritt zu gehen – und ihm einfach zu vertrauen. Warum fiel es mir so schwer? Vermutlich, weil ich befürchtete, enttäuscht zu werden. Weil ich im Nebel keinen guten Weg für mich erkannte. Weil ich Angst hatte, meine Berufung zu verlieren und danach nur noch irgendetwas Belangloses machen zu müssen, das ich eigentlich gar nicht machen will. Sollte ich den Vertrauensschritt trotzdem wagen? Ich spürte, in diesem Moment war es nicht dran, eine konkrete Entscheidung bezüglich meines weiteren beruflichen Wegs zu treffen. In diesem Moment war nicht dran, mein nächstes Halbjahr zu überblicken – das war ohnehin noch verschleiert und nebelig. Nein, in diesem Moment war es lediglich dran, auf Jesu Frage zu reagieren: „Vertraust du mir?" Nur um diesen einen kleinen Schritt ging es. Und dann tat ich ihn. Ich proklamierte laut in den Wald hinein: „Ich werde Jesus vertrauen. Ja, ich werde ihm voll und ganz vertrauen. Ich sehe noch keinen Weg vor mir und trotzdem: Ich werde Jesus vertrauen!" Mit jeder lauthals ausgesprochenen Wiederholung dieses Satzes kam mehr Freiheit in mein Herz. Und so viel Liebe. Irgendwie nahm Jesus mir auf einmal die Schwere von meinem Herzen, all die Sorgen und die Ängste. Plötzlich spürte ich einen tiefen Frieden: Er wird sich um mich kümmern. Ihm entgleitet nichts. Er hat alles im Griff. Mir wurde bewusst, dass Jesus selbst am meisten daran interessiert war, dass mein Leben segensreich für andere Menschen werden würde – und er würde alles in seiner Macht Stehende dafür tun.

Sicherlich kennst du auch solche Momente, in denen dein Leben so richtig zerrüttet wird und du nicht mehr weißt, wie es weitergehen soll. Momente, in denen ein wichtiger Bereich in deinem Leben auf einmal wegbricht und du dich ganz neu aufstellen musst. Wie übersteht man diese unsicheren Zeiten? David schreibt in seinem wunderbaren Psalm 37: „Befiehl dem Herrn dein Leben an und vertraue auf ihn, er wird es richtig machen." Wir können versuchen, allein unseren Weg zu finden und zu gehen. Aber besser ist es, Gott unsere Wege anzuvertrauen. Er hat den besseren Überblick über unser Leben und weiß so viel besser als wir selbst, was wir brauchen und was uns wirklich guttut.

Nur einen Vers vorher steht im selben Psalm, dass wir uns an Gott erfreuen sollen. Ich glaube, das steht dort nicht zufällig, denn wenn wir uns an Gott erfreuen, dann werden wir innerlich ruhig und entspannen uns. In Gottes Nähe verblassen unsere Ängste. Wir fangen an, loszulassen und seine Gegenwart zu genießen. Wenn wir uns an Gott erfreuen, dann trauen wir ihm zu, dass er spätestens rechtzeitig eingreifen und den Hebel wieder umlegen wird, dass er spätestens rechtzeitig die richtige Tür öffnen und uns einen neuen Weg ebnen wird. Wenn wir uns über den Herrn freuen, dann fangen wir an, uns um ihn zu drehen und voller Vertrauen und Glück zu tanzen. Wir lassen uns von ihm verändern und beschäftigen uns ganz neu damit, was er sich für uns und unser Leben wünscht. Und während wir freudig um ihn herumtanzen, wird er einen guten Weg für uns bahnen.

Wir lassen unsere eigenen Pläne los und wollen seine Pläne für uns und unser Leben erfahren. Manchmal verstehen wir diese Wege jedoch nicht und sie fühlen sich anfangs vielleicht nicht richtig an. Ich bin mir im Klaren darüber, dass viele Menschen unerfüllte Sehnsüchte und Wünsche in ihrem Herzen tragen – obwohl sie Gott vertrauen. Was ist mit diesen Menschen? Darauf habe ich leider keine gute Antwort. Irgendwann wird Gott selbst hoffentlich auf unsere vielen Fragen antworten und uns erklären, warum manche Dinge liefen, wie sie liefen. Aber ich will daran festhalten, dass Gott immer nur Gutes für seine Kinder im Sinn hat und für sie bereithält. Und ich will daran festhalten, dass Gott den Schritt hinein ins Vertrauen wertschätzt und großzügig belohnen wird. Ich will daran festhalten, dass sich ungeahnte Möglichkeiten auftun werden und Gott neue Bilder an den Horizont meines Lebens malen wird. Ich will daran festhalten, dass sich plötzlich Meere teilen und wir trockenen Fußes durch die Fluten hindurchgehen können. Ich will daran festhalten, dass Gott treu ist und zu seinen Verheißungen steht, wenn wir ihm vertrauen. Er wird Menschen, die ihn lieben, nicht fallen lassen.

Also lasst uns diesen einen Schritt gehen. Von der Angst zur Freude. Von der inneren Lähmung zur Freiheit. Lasst uns diesen einen Schritt gehen und erleben, wie sich das schwere Eisentor der Zweifel und Ängste mit lautem Knarren öffnet. Und dann können wir eintreten. In den Garten der Freiheit. In den Raum der Liebe – und des Vertrauens. Gott soll die Kontrolle über mein Leben haben. Ich will meine Nase nicht mehr an verschlossenen Türen blutig schlagen, sondern mich vertrauensvoll zu den Türen führen lassen, die Gott mir geöffnet hat. Er wird mir einen guten Weg dorthin bahnen – genauso wie er dich zu den richtigen offenen Türen führen wird. Also lasst uns ihm vertrauen. Nur diesen einen Schritt müssen wir gehen. Den Rest erledigt er.

## Mitten ins Leben
In welchem Bereich hast du aufgehört, Gott zu vertrauen und daran festzuhalten, dass er nur Gutes für dein Leben will? Wo ist es wieder an der Zeit, dass du Gott bewusst einlädst, um mit ihm zusammen über dein Leben nachzudenken?

## Alltagstipp
Vielleicht ist es für dich dran, auch mal einen längeren Spaziergang mit Gott zu machen? Geh raus in die Natur und ringe mit Gott um dein Vertrauen. Sage ihm, was dir auf dem Herzen liegt, und lasse zu, dass er dich herausfordert, einen Vertrauensschritt zu gehen.

# Wie Gott mich sieht

Nicht der äußerliche Schmuck – wie
kunstvolle Frisuren, goldene Ketten oder
aufwendige Kleidung – soll euch Frauen
auszeichnen. Eure Schönheit soll von innen
kommen! Ein freundliches und ausgeglichenes
Wesen ist euer unvergänglicher Schmuck.
Das ist es, was Gott als wirklich kostbar ansieht.
1. Petrus 3,3+4

Lange Zeit in meinem Leben stand ich mit meinem Körper auf Kriegsfuß. Ich fand mich nicht schön und liebenswert, weil ich nicht superschlank war. Ich wollte es einfach nicht akzeptieren, dass ich nicht zu den Mädchen gehörte, die eine traumhaft schöne Figur haben. Vielleicht hast du auch „Probleme" mit deiner Figur oder dich stören andere Dinge an dir – deine Haare, deine Haut, vielleicht auch schon die ersten Anzeichen vom Älterwerden? Das erste graue Haar oder die ersten kleinen Fältchen? Was auch immer es ist – irgendetwas hat jede Frau, was sie nicht an sich mag.

So hatte auch ich diese Schablonen in meinem Kopf, wie ich *eigentlich* aussehen wollte, wie viel ich *eigentlich* wiegen wollte und welche Kleider ich *eigentlich* tragen wollte. Ich fand es ungeheuer schwer, diese ganzen Bilder in meinem Kopf und diese Sehnsucht nach einem sportlichen Körper in meinem Herzen zu haben – und gleichzeitig mit der Ist-Situation leben zu müssen. Manchmal habe ich mit dem Shoppen gewartet, weil ich ja eigentlich noch abnehmen und lieber erst danach mit einer ganz neuen Kleidergröße shoppen gehen wollte. Wie frustrierend war es dann, als ich ein oder zwei Monate später mit derselben Figur in den Laden gehen musste. *Ach, Mensch, ich habe es schon wieder nicht geschafft!* Immer und immer wieder fühlte ich mich minderwertig – wie eine Versagerin, die es niemals durchziehen würde.

Doch irgendwann keimte in mir auch immer wieder die Hoffnung auf, dass ich es doch noch schaffen und endlich meinem Traum von einem wunderschönen Körper näherkommen werde. Also setzte ich meine Hoffnung in die nächste neue Diät. Und einen Grund für neue Hoffnung gab es immer wieder – bei der großen Auswahl an Diäten und Abnehmprogrammen. Ich probierte sie alle: die FDH (Friss die Hälfte)-Diät, die Stoffwechseldiät, die Glyx-Diät und die Kohlsuppendiät und das *Weightwatchers*-Programm. Manchmal passierte gar nichts, manchmal sah ich nach einer gewissen Zeit tatsächlich einen Erfolg. Aber die meiste Zeit meines jungen Lebens pendelte sich mein Gewicht dann doch wieder irgendwo im Bereich des leichten Übergewichtes ein. Wie oft ich darum gebetet habe, dass ich doch endlich mal abnehme, disziplinierter in Sachen Ernährung und Sport werde und endlich für meinen Körper anerkennende Blicke bekomme. Die Sehnsucht nach einem schönen Körper war so groß, dass der Frust immer größer wurde, wenn ich meinen Idealvorstellungen nur sehr langsam oder überhaupt näherkam. Warum nur waren viele Mädchen mit so einem wunderschönen Körper gesegnet, während andere mit einem weniger schönen Körper durchs Leben gehen müssen? Diese große Ungerechtigkeit konnte ich nicht verstehen und haderte deswegen öfter mit Gott.

Heute hat sich mein Denken über Schönheit verändert und ich wünsche mir, dass ich noch weiter in diesem Prozess voranschreite. Ich verstehe heute, dass ich meine Selbstannahme und meine persönlichen Schönheitsideale nicht von meinem Gewicht abhängig machen sollte. Vielmehr verstehe ich meinen Körper heute als Geschenk von Gott. Ich durfte die gesellschaftlichen Vorstellungen von Schönheit, die mich versklavten, ablegen, und Gott öffnete mir die Augen für meine ganz persönliche Schönheit. Ich kann Gott jetzt ganz bewusst für die Dinge an mir danken, die er in meinen Augen wunderschön gemacht hat. Und diese gibt es bei jedem Menschen – definitiv! Auf diese Dinge darf ich meinen Fokus legen und Gott von Herzen Danke dafür sagen.

Gleichzeitig darf ich auch die Schönheit meiner Gaben und Talente bewundern. Ich darf mich über Stärken freuen und diese mit Liebe einsetzen und entfalten. Auch unsere Gaben sind neben der äußeren Schönheit Gottes Geschenk an uns. Wie schade ist es, wenn wir nur aufgrund unseres Gewichtes keinen Blick mehr für unsere ganzheitliche Schönheit haben? „Nicht der äußerliche Schmuck – wie kunstvolle Frisuren, goldene Ketten oder aufwendige Kleidung – soll euch Frauen auszeichnen. Eure Schönheit soll von innen kommen! Ein freundliches und ausgeglichenes Wesen ist euer unvergänglicher Schmuck. Das ist es, was Gott als wirklich kostbar ansieht" (1. Petrus 3,3-4). Daran erinnert uns Petrus in seinem Brief. Wir Menschen bewerten häufig so schnell das, was wir sehen. Hat jemand eine hübsche Figur und einen tollen Stil, schon sagen wir: „Was für eine schöne Frau." Weil sie es in unseren Augen geschafft hat, das zu verkörpern, was unsere Gesellschaft für schön erklärt. Doch Schönheit ist so viel mehr. Denk doch nur mal an einen schönen Charakter, ein zufriedenes und ausgeglichenes Herz, strahlende Augen. Das alles ist eine Schönheit, die komplett unabhängig von unserem Gewicht und/oder unserer Körpergröße ist. Es ist eine Schönheit, die weder von unserem Alter noch von unserer Figur abhängig ist. Eine Schönheit, die nicht vergänglich ist.

Jesus will diese Schönheit in uns entstehen lassen – während wir mit ihm in enger Beziehung leben. Er will uns ein klares Ja zusprechen, ganz unabhängig von unserer Leistung oder von unserem Aussehen. Er sagt uns zu, dass wir in seinen Augen wunderschön und liebenswert sind. Seine Liebe zu uns ist grenzenlos, er hat sich selbst für uns am Kreuz hingegeben – eine größere Liebe gibt es nicht! Er sagt uns, dass er Träume für unser Leben hat. So vieles liegt vor uns, was wir mit ihm an unserer Seite gestalten dürfen. Unsere Identität ist in Jesus Christus gegründet und nicht an ein bestimmtes Körpergewicht gekoppelt. Wir dürfen uns immer wieder auf das große Ja von Gott zu uns berufen. Nur dann ist unsere Identität stabil. Nur dann steht unsere Identität auf festem Grund. Mit der Zeit dürfen wir Schritt für Schritt lernen, Gottes Ja zu uns tief in unserem Herzen wurzeln zu lassen und dann selbst den Schritt zu wagen, Ja zu uns zu sagen. Wir dürfen uns im Spiegel anschauen, anlächeln und endlich Freundschaft mit uns selbst schließen. Gott hat uns unseren Körper und unser ganzes Sein geschenkt. Das dürfen wir annehmen und auch feiern. Wir sind wundervoll geschaffen – und das meint weit mehr als unsere äußere Schönheit.

## Mitten ins Leben

Findest du dich schön? Bist du mit dir selbst befreundet? Kümmerst du dich gut um dich? Hast du schon deine ganz persönliche Schönheit entdeckt?

## Alltagstipp

Feier dich und deine Schönheit heute doch einfach mal ein bisschen selbst. Kauf dir ein schönes Oberteil, lass dir ein heißes Bad ein, verwöhn dich mit einem tollen Peeling oder gönne dir eine neue Frisur. Und genieße es einfach, dass du so wie du bist wundervoll geschaffen bist. Schau dich im Spiegel an und sage Gott bewusst Danke für deinen Körper. Sag ihm Danke für deine Talente. Und sag ihm für deine innere Schönheit Danke. Er liebt dich grenzenlos, du Schöne!

# Gott ist größer als meine Pläne

Seid stille und erkennet, dass ich Gott bin!
Psalm 46,11; LU

Mittlerweile wartete ich schon seit Monaten darauf, Gottes Plan für meine berufliche Situation zu erkennen, doch statt auf eine offene Tür zu stoßen, schlossen sich immer mehr Türen. Ich war immer noch auf dem Weg. Ich war immer noch am Warten und Überlegen – und Vertrauen.

Ich ging stark davon aus, dass sich nun auch die letzte Möglichkeit vertun würde. Ich wusste: Wenn sich diese Tür auch noch schließen sollte, dann würde ich den Weg in die Selbstständigkeit wagen. Und darauf freute ich mich jetzt schon fast. Ich war aufgezogen wie eine Spieluhr und hatte gedanklich schon viele Male durchgespielt, was ich in diesem

Fall machen würde: Wie ich mein Portfolio gestalten würde, mit welchen Menschen ich Kontakt aufnehmen würde und welche Projekte ich als Erstes starten wollen würde. Und dann wollte ich einfach darauf hoffen, dass Gott mir weitere Türen öffnen und ich viele tolle Menschen mit tollen Jobangeboten kennenlernen würde. Ich bekam ein wenig Angst bei dem Gedanken an Selbstständigkeit, aber gleichzeitig reizte er mich zunehmend. Selbstständigkeit – das roch für mich nach Abenteuer, nach einer neuen großen Freiheit, die ich nutzen würde. Ich würde mein Bestes geben, ich würde es angehen – mit viel Engagement und Freude. Nur noch die letzte Absage abwarten und dann ...!

Doch dann klingelte mein Telefon. „Frau Bangert, Sie haben die Stelle." Ich traute meinen Ohren nicht. Damit hatte ich wirklich nicht gerechnet. Ich hatte mich mental wirklich schon auf die nächste Absage eingestellt. Was tut man in so einem Moment? Ich ging an die frische Luft und betete: „Gott? Wir müssen reden. Ich verstehe gerade echt nur noch Bahnhof. Soll es tatsächlich nicht in die Selbstständigkeit gehen? Und wenn diese Stelle eine Tür ist, die du mir geöffnet hast, warum dann erst jetzt – wo ich kurz davor war, einen anderen Weg einzuschlagen?" Fragen über Fragen. Meine Gedanken ratterten, doch Gott schien mir in diesem Moment weder nahe zu sein, geschweige denn klare Antworten zu geben. Dennoch kam mir der Gedanke: *Gott gestaltet mein Leben. Auch wenn ich an dieser Stelle eine andere Handlung von ihm erwartet hätte, so darf ich doch darauf vertrauen, dass diese offene Tür gut für mich ist. Er ist größer als ich und denkt so viel höher als ich. Er wird schon wissen, was er tut.*

Schon auf der Fahrt zum Vorstellungsgespräch für diese Stelle hatte ich das englische Bibelwort aus Psalm 46,11 in meinem Herzen: „Be still, and know that I am God." Auf Deutsch: „Sei stille und erkenne, dass ich Gott bin." Für mich bedeutet das: Hör auf zu grübeln. Hör auf zu fragen. Hör auf zu analysieren. Werde ruhig und erkenne, dass Gott größer ist. Schau auf ihn und trau ihm gute Entscheidungen zu. Er sieht mehr, als du es gerade tust.

Gibt es nicht immer wieder solche Phasen im Leben, in denen Gott so anders handelt und unser Leben so anders lenkt, als wir es uns vorgestellt haben? Wir hatten den Eindruck, es geht in die eine Richtung, und plötzlich legt Gott scheinbar eine Vollbremsung ein und öffnet uns eine ganz andere Tür – oder zunächst erst mal gar keine? Wie leicht ist es in solchen Momenten, den Kopf in den Sand zu stecken oder irgendetwas Dummes zu machen. Aber wie wäre es, wenn wir uns genau in diesen Zeiten bewusst machen würden, dass Gottes Gedanken so viel höher sind als unsere und dass er selbst so viel größer ist als wir? Während wir in unseren drei Dimensionen unterwegs sind, kennt der Schöpfer dieses Universums weitaus mehr Dimensionen. Er hat eine völlig andere Sicht auf mein Leben und einen viel klareren Blick auf meine Zukunft. Also ist es das Beste, was wir in undurchsichtigen Zeiten tun können, uns in seine liebevollen Arme zu legen – und dann durch die Türen zu gehen, die er uns öffnet. So können wir voller Vertrauen und Freude die Chancen nutzen, die sich uns bieten. Wir können lernen, darauf zu vertrauen, dass Gott gegenwärtig ist und uns im Blick hat.

Wenn ich auf so manche Erfahrungen mit Gott zurückblicke, muss ich feststellen, dass Gott oft gerade in den für uns stagnierenden Momenten „zur Hochform aufläuft" und uns zeigt, wie groß und wunderbar er ist. Wenn bei uns alles stillsteht und überhaupt nichts mehr passiert, passiert bei ihm sehr viel. Manchmal stelle ich mir vor, wie Gott in diesen Phasen sagt: „Bin bei der Arbeit. Einen Moment bitte." Das Erstaunliche ist, dass genau in diesen Wartezeiten viel mit meinem Vertrauen passierte. Ja, wenn ich geduldig auf Gott warte, ist das wie eine Dehnübung für mein Vertrauen. Mein Glaube weitet sich und ich erkenne, dass ich in allem auf Gott angewiesen bin und dass er mein Vertrauen in ihn nicht missbrauchen wird. So komme ich am Ende zu dem Schluss, dass er immer genau so handelt, wie er handelt, weil ihm viel an mir liegt. Weil ich ihm wichtig bin. Weil er mich liebt. Und weil er weiß, was das Beste für mich ist. Be still, and know that I am God.

## Mitten ins Leben

Wo steckst du gerade in undurchsichtigen Situationen und fühlst dich wie in einer Sackgasse? Wo fällt es dir gerade schwer anzunehmen, dass Gott doch noch irgendetwas tun wird und dich nicht vergessen hat?

## Alltagstipp

Wenn du magst, sage mal laut zu deiner Seele: „Be still, and know that I am God." Lass die Gedanken und Fragen wegfliegen und werde ruhig in Gottes Gegenwart. Glaube, dass Gott Gott ist – und dass er so viel größer ist als du.

# Mini-Urlaub mit Jesus

Kommt her zu mir, alle, die ihr mühselig
und beladen seid; ich will euch erquicken.
Matthäus 11,28; LU

Wenn mein Kopf brummt von den vielen anliegenden Aufgaben und ich den Eindruck habe, in der Flut der Verpflichtungen zu ertrinken, weiß ich: Jetzt ist wieder so weit. Zeit für einen Mini-Urlaub mit Jesus! Dafür brauche ich nicht viel – lediglich meinen Laptop oder einen schönen Notizblock, einen Kugelschreiber, meine Bibel, einen guten Kaffee und, wenn ich es mir richtig gutgehen lassen möchte, noch ein leckeres Stück Kuchen. Dafür fahre ich dann auch gern mal in ein schönes Café und mache es mir dort so richtig gemütlich. Ich gehe bewusst an einen schönen Ort, der nicht mein Zuhause ist, um meinen Gedanken wieder Freiheit zu verschaffen. Ich mag es, dort zu sitzen und die Menschen zu beobachten, die ein- und ausgehen. Lasse meine Gedanken wandern und schreibe sie auf. Genieße den Duft von frischem Kaffee und köstlichem Kuchen und lausche der Musik, die im Hintergrund rieselt. Ich atme auf. Mitten in meinen To-dos und Verpflichtungen drücke ich einfach mal auf Pause. Das ist für mich ein wahrer Mini-Urlaub.

Während ich so dasitze und meine unsortierten Gedanken aufs Papier bringe, kommt mein Herz zur Ruhe. Es „dockt" wieder neu bei meinem Gott und Schöpfer an. Es wird still in seiner Gegenwart und fängt langsam wieder an, freudig zu tanzen. Während andere Menschen für eine gewisse Zeit ins Kloster gehen, um dort zur Ruhe zu kommen, würde ich eine Woche mit vielen Cafébesuchen bevorzugen. In einem schönen, gemütlichen Ambiente bekomme ich eine neue Perspektive auf mein Leben und werde wieder kreativ. Ich kann Dinge sortieren und klären, meine Seele sich leer schreiben lassen. In unserer lauten und schnellen Welt sind diese Ruhezeiten bei Gott dringend nötig. Wir brauchen diese kleinen Alltagsoasen, um wieder auftanken zu können. In Matthäus 11,28 stehen die bekannten und ermutigenden Sätze: „Kommt her zu mir, alle, die ihr mühselig und beladen seid; ich will euch erquicken." Jesus lädt uns ein, bei ihm, der lebendigen Quelle, wieder frisches Wasser zu schöpfen. Alles, was uns erdrückt und schwer auf uns lastet, dürfen wir bei ihm ablegen. Ich mag diesen Vers sehr. Tief berührt er meine Seele.

Immer wieder begegnen mir neue Herausforderungen. Ich manövriere mich in Aufgaben, bin zunächst voll motiviert, krempele meine Ärmel hoch und will durchstarten. Aber irgendwann – meistens mittendrin – komme ich oft aus der Puste, werde kraftlos und weiß nicht mehr, wie ich die anstehende Aufgabe bewältigen soll. Dann braucht es Zuspruch von meinem Mann und die eigene Bereitschaft, bei Gott aufzutanken. In seiner Gegenwart kann ich mich von den ungesunden Stimmen, die mich permanent antreiben wollen, lösen. Ich kann zur Ruhe kommen, um danach Schritt für Schritt weiterzugehen.

Wenn ich mitten im Dickicht meiner Aufgaben spüre, wie meine Seele nach Entlastung und Erfrischung lechzt, kann ich mit allem, was mich belastet, zu Jesus gehen. Er steht da, hat immer Zeit für mich und will mir neue Kraft und eine tiefe Ruhe schenken – einen Frieden, „der all unser Verstehen übersteigt" (Philipper 4,7). Ich weiß nicht, was ich ohne dieses Angebot von Jesus machen würde. Und trotzdem scheinen gerade wir Frauen dieses Angebot oft nicht wahrzunehmen und rennen lieber mit unseren Sorgen und Lasten allein durchs Leben. Warum ist das so? Warum fällt es uns so schwer, bei Jesus unseren Rucksack abzustellen und danach befreit weiterzugehen?

Vermutlich hat es unterschiedliche Gründe. Vielleicht ist die Last der Verpflichtungen in stressigen Zeiten so schwer, dass wir es nicht einmal schaffen, ins Land der Ruhe aufzubrechen. Stattdessen strampeln wir uns weiter ab, um irgendwie wieder Land unter die Füße zu kriegen. Scheinbar haben wir zu wenig Vertrauen, dass Jesus uns wirklich Ruhe schenken kann und sich zu uns stellt, wenn wir ihn brauchen. Wir wissen schon, dass da was Wahres dran ist. Aber sich so ganz konkret an diese Hoffnung hängen? Nein, das fällt uns dann doch schwer. Lieber versuchen wir, wenigstens ein kleines Stückchen weiter voranzukommen, anstatt uns eine Pause zu gönnen und zu riskieren, dass die Sache mit Jesus und der Ruhe doch nicht funktioniert. Vielleicht wissen wir auch gar nicht mehr, wann es Zeit ist, mal wieder zur Ruhe zu kommen, weil wir so in unserem „Macher-Modus" sind. Vielleicht haben wir tatsächlich verlernt, zu entspannen und bewusst Ruhe zu suchen.

Was auch immer die Gründe sind: Wir können uns immer wieder neu für die Ruhe entscheiden. Und zwar mitten im Alltag. Es muss nicht erst der nächste Sommerurlaub sein, auf den wir mit letzter Kraft zulaufen. Für den „Mini-Urlaub" muss man sich nicht mal einen Tag freinehmen. Einfach mal für eine halbe Stunde mit einem guten Kaffee auf die Terrasse setzen. Die Haushaltsarbeit ruhen lassen. Den zwitschernden Vögeln zuhören. Den farbenfrohen Schmetterling bestaunen. Ein paar Worte aus der Bibel lesen und tief ins Herz sacken lassen. Diese ganz bewusst erlebten Minuten mitten im Alltag können manchmal schon reichen.

Ein anderes Mal haben wir vielleicht etwas mehr Zeit und können uns nicht nur eine halbe, sondern mehrere Stunden in ein Café setzen, mit dem Fahrrad durch die Natur fahren oder uns sogar ein ganzes Wochenende lang eine Auszeit nehmen – in der leer stehenden Wohnung einer Freundin, im Kloster oder wo auch immer. Je nachdem, was die Situation erlaubt und wie hoch der eigene Stresspegel ist, kann man sich ganz unterschiedliche Ruhemomente mitten im Alltag einbauen und diese dann ganz bewusst mit Jesus erleben. Er will mit uns auf dem Weg sein. Uns Ruhe und neue Kraft für unsere Aufgaben schenken. Unser Herz und unseren Kopf „entrümpeln" und darin wieder Platz für Freude und Freiheit schaffen. Der schöne Song von Johanna und Melanie Schmidt erinnert mich daran:

*Vor dir kommt mein Herz zur Ruhe.*
*Vor dir atmet meine Seele auf.*
*Vor dir fallen meine Masken ab. Vor dir.*
*Vor dir werden meine Sorgen klein.*
*Vor dir werden meine Wunden heil.*
*Vor dir mach ich meine Fäuste auf. Vor dir.*
*Vor dir darf ich deine Wahrheit sehn.*
*Vor dir müssen alle Schatten fliehn.*
*Vor dir stehe ich in deinem Sieg. Vor dir.*
*In deinem Licht will ich leben, und deinen Willen tun,*
*deinen Wegen folgen,*
*dir mein Leben anvertraun.*
*Vor dir*

Text: Melanie Schmidt & Johanna Schmidt
Melodie: Richard Schmidt & Melanie Schmidt & Johanna
Schmidt & Daniela A. Bauer
© 2011 SCM Hänssler, 71087 Holzgerlingen

## Mitten ins Leben

Wie geht es dir gerade in deinem Alltag? Bist du tiefenentspannt oder plagen dich Sorgen und unerledigte Aufgaben? Wann hattest du deinen letzten Ruhemoment? Nimm dir doch gerade mal kurz Zeit, um darüber nachzudenken und deinem aktuellen Ruhebedürfnis auf die Spur zu kommen.

## Alltagstipp

Warum planst du dir nicht einfach mal eine längere Auszeit ein oder kleine schöne Ruhemomente mitten in der vollen Woche? Jesus freut sich schon auf die Zeit mit dir. So gern will er dir helfen, dein volles Herz und deinen vollen Kopf zu entrümpeln und bei ihm zur Ruhe zu kommen.

# Ich bin reich gesegnet

Jesus sprach zu ihm: Willst du vollkommen sein,
so geh hin, verkaufe, was du hast,
und gib's den Armen, so wirst du einen Schatz
im Himmel haben; und komm und
folge mir nach!
Matthäus 19,21; LU

Ich bin Teil unserer kapitalistischen Welt. Die Reichen sind mächtig und werden bewundert, deshalb sehnen sich viele Menschen danach, selbst reich zu sein. Ich höre immer wieder von Jugendlichen, die sich bewusst einen Job aussuchen, bei dem sie viel Geld verdienen können. Die Erfolgsgeschichten von Unternehmen, die es zu viel Umsatz gebracht haben, lassen uns staunen. Menschen, die an ihre Leidenschaft geglaubt und eine tolle neue Marke oder ein beliebtes neues Produkt kreiert haben, sind unsere Helden. Erfolgreichen Menschen, die über den roten Teppich laufen und es als Filmproduzent, Schauspieler, Profifußballer, Großunternehmer oder Musiker zu viel gebracht haben, ziehen immer wieder viele Neider auf sich. Viele Bücher, Podcasts, Interviews auf *YouTube*-Channels, Berichte im Fernsehen oder in Hochglanzmagazinen handeln deshalb davon, wie man es selbst zu großem Erfolg schaffen kann. Über diese Tendenzen in unserer Gesellschaft bin ich mir sehr bewusst.

Als Christin weiß ich aber auch, dass Jesus vor Habgier und der Sehnsucht nach materiellem Reichtum immer wieder gewarnt hat. Er kennt die Macht, die Geld über uns haben kann. Er weiß, wie negativ sich Geld auf unseren Charakter und unsere Werte auswirken kann. Er kennt die Gefahr, dass wir bereit sind, alles aufs Spiel zu setzen, um erfolgreich zu werden und ein luxuriöses Leben zu führen. Als Jesusnachfolgerin sind mir Jesu Gedanken zum Thema Geld und Reichtum sehr wichtig und ich will sie in meinem persönlichen Umgang mit meinen Finanzen beherzigen.

Erst kürzlich wurde ich wieder herausgefordert, mich von Geld zu lösen. Ich war schuld an einem Autounfall. Der Autofahrer vor mir bremste und ich fuhr ihm hinten auf. Obwohl der Aufprall nicht so stark war, kamen in meinem Auto sämtliche Airbags heraus und die Frontscheibe zersprang. Das Gutachten über die Schadenshöhe ließ meine Augen feucht werden. Furchtbar, dass jetzt so viel Geld für die Reparatur investiert werden musste! Der Unfall war so unnötig und hätte so einfach vermieden werden können. Ich ärgerte mich maßlos. Und ja – diese Ausgabe war in der Tat unnötig und doch sind solche Momente auch immer wieder eine Erinnerung für mich, dass vor allem das Leben selbst kostbar ist, egal wie viel ich gerade auf dem Konto habe. Mein Herz soll frei sein und sich nicht an all die Güter hängen, die ohnehin vergänglich sind.

Im Matthäusevangelium 19,16-21 ist die Rede von einem jungen Mann, der sehr viel Reichtümer und Besitz angehäuft hat. Er versucht, Gott zu gefallen und wirklich alles richtig zu machen. Aber Jesus sieht sein Herz und wie viel Platz seine Reichtümer darin haben. Deshalb fordert er ihn heraus, alles hinter sich zu lassen und ihm nachzufolgen: „Willst du vollkommen sein, so geh hin, verkaufe, was du hast, und gib's es den Armen, so wirst du einen Schatz im Himmel haben; und komm und folge mir nach" (Matthäus 19,21; LU). Doch der junge Mann schafft es nicht, sich von seinem Besitz zu trennen und bleibt traurig zurück.

Was heißt dieser Text für uns heute? Heißt es, wir sollen unsere gesamten Ersparnisse einem Missionswerk spenden und nur noch von Luft und Liebe leben? Heißt es, dass wir nichts besitzen dürfen und dass wir alles, was wir haben, an Arme verteilen sollen? Sollen wir selbst arm werden? Vielleicht – wenn Gott uns das ganz konkret sagt. Aber nicht immer. Ich glaube jedoch, Jesus will uns mit diesem Gleichnis neu vor Augen führen, dass wir mit allem, was wir haben, ihm gehören sollen. Dass wir unser Herz an *ihn* und nicht an unseren Besitz hängen sollen.

Mein Geld gehört nicht mir – es gehört Jesus. Ich verwalte es. Mein Haus gehört nicht mir – es gehört Jesus. Ich verwalte es. Auch mein Leben gehört nicht mir – ich verwalte es. Alles was ich bin und habe, soll Jesus gehören. Wenn ich also einen Unfall mache und mich die Schadenssumme, die ich aufbringen muss, so sehr ärgert, dass ich immer wieder daran denken muss, wie viel Geld ich gerade verloren habe, darf ich mich entspannen. Denn es ist „nur" Geld. Ich darf loslassen und erleben, wie Jesus mich mit allem, was ich wirklich brauche, versorgt. Gleichzeitig erinnern mich Situationen wie diese daran, dass ich Geld ohnehin nicht festhalten kann. Es gibt Zeiten, da rinnt es einem einfach durch die Finger. Es passieren unerwartete Dinge und plötzlich müssen große Investitionen getätigt werden. In diesen Situationen darf ich mein Herz prüfen: Hänge ich am Geld oder an Jesus? Beides ist nicht möglich. In Matthäus 6,24, (LU) heißt es: „Ihr könnt nicht Gott dienen und dem Mammon." Ich muss mich entscheiden, was meine Priorität sein soll. Und wenn ich mir bewusst mache, wie „teuer erkauft" (1. Korinther 6,20; LU) ich von Gott bin, fällt es mir leichter, mein Geld in seinem Sinne einzusetzen und es bewusst zu geben. Ja, ich darf mein Geld nutzen, um großzügig ins Reich Gottes zu investieren und gute Projekte zu fördern. Durch mein Geld können Kinder eine gute Schuldbildung bekommen oder Missionswerke Menschen aussenden, die Menschen in diversen Nöten tatkräftig unterstützen. Wie gut ist es, wenn Geld in Gottes Reich fließt und Menschen dadurch gesegnet werden können. Eine Bekannte ließ einmal den Satz fallen: „Geld ist dafür da, um es weiterzugeben. Wir sollten es nicht festhalten." Diesem Gedanken will ich Raum in mir geben und Gott nicht nur kleine Krümel von meinen Finanzen abgeben, sondern auch bereit sein, ihm Anteile zu geben, die mich selbst etwas „kosten". Ich will mein Herz immer wieder neu prüfen. Und wenn ich dann merke, dass es an materiellem Besitz hängt, will ich gegen diese Tendenz ankämpfen – indem ich Jesus das gebe, was ihm ohnehin gehört: mein Geld, mein Leben, alles. Dabei kann ich ein kluger Verwalter sein und eng am Herzen Gottes gute Entscheidungen über meine Finanzen treffen.

Wenn ich mich als verantwortungsbewusster Verwalter von Gottes Geld weiß, dann werde ich nicht ständig einen Kredit aufnehmen, um mir mehr zu kaufen, als ich mir eigentlich gerade leisten kann. Dann kaufe ich auch nicht mehr jeden „Schnickschnack", den ich ohnehin nicht brauche, und spare mein Geld stattdessen für die wirklich wichtigen Dinge auf. Dann kaufe ich vielleicht auch bewusster ein und folge nicht immer dem ersten Kaufimpuls, nachdem ich eine gute Werbung gesehen habe. Wenn ich versuche, mein Geld im Sinne Gottes zu verwalten und mich damit bewusst von meinem Bedürfnis, alles sofort haben zu wollen, trenne, erlebe ich, wie mein Herz in der Gegenwart Gottes zur Ruhe kommt. Ich muss nicht so sehr dem Geld nachjagen – Gott selbst ist mein Versorger.

## Mitten ins Leben

Wie geht es dir aktuell mit deinen Finanzen? Woran denkst du oft, was beschäftigt dich? Wofür gibst du gern Geld aus? Spendest du etwas? Erlebst du eine tiefe Freude, wenn du Geld in eine gute Sache investierst?

## Alltagstipp

Lass dich von Jesus neu herausfordern, von Herzen gern zu geben. Genauso wie es dir Freude macht, wenn du für Gott kreativ wirst oder ihm mit deinen anderen Gaben dienst, genauso viel Freude kann dir auch das Geben bereiten. Wenn du großzügig bist und dein Geld weise investierst, ist das eine Form von Lobpreis, die Gottes Herz erfreut. Verschaffe dir doch mal einen Überblick über deine „Spender-Situation". Geht da vielleicht noch mehr?

# Mutig glauben

Du wirst sehen: Ich stehe dir bei! Ich behüte dich, wo du auch hingehst, und bringe dich heil wieder in dieses Land zurück. Niemals lasse ich dich im Stich; ich stehe zu meinem Versprechen, das ich dir gegeben habe.
1. Mose 28,15

Der Auffahrunfall, von dem ich im letzten Text erzählt habe, passierte, als ich gerade auf dem Weg zu einer Frauenfreizeit war, auf der ich referieren sollte. Das machte alles natürlich noch ärgerlicher, schließlich kostet so ein Unfall nicht nur Zeit, sondern auch Nerven. Es war zwar nur ein Blechschaden, aber der heftige Aufprall hatte mir einen ziemlichen Adrenalinschock verpasst. Als ich mein Auto mit meinem Mann zur Werkstatt brachte, war ich deshalb noch ganz schön durch den Wind. Ich machte den Kofferraum auf, um mein Gepäck herauszunehmen – und plötzlich entdeckte ich etwas, das mich zutiefst berührte: Mitten auf der Ablagefläche lag ein silberner Schlüsselanhänger mit einem Herz und einem kleinen Kreuz darauf. Er lag dort so, als hätte ihn jemand ganz bewusst in die Mitte des Kofferraums gelegt, dass ich ihn auch sicher finden würde. Ich hatte keinen Zweifel daran, dass ich es hier mit einem übernatürlichen Eingreifen Gottes zu tun hatte. Es war, als würde Jesus mir sagen wollen: „Ich bin da. Genau jetzt."

Mir schien, als hätte ich diesen Anhänger vorher noch nie gesehen. Ich konnte mir absolut keinen Reim daraus machen, woher ich ihn hatte oder wie er in mein Auto gelangt war. Später erinnerte ich mich dunkel, dass ich irgendwann einmal so einen Anhänger zugesteckt bekommen hatte. Aber ich hatte ihn danach nie benutzt und weiß bis heute nicht, wer ihn mir damals gegeben hatte. Dass nun ausgerechnet dieser Schlüsselanhänger mitten auf der Ablagefläche meines Kofferraums lag, konnte kein Zufall sein! Ich war noch so geschockt und traurig über den Unfall, dass ich mich am liebsten einfach allein irgendwo vergraben hätte, aber durch diesen kleinen Schlüsselanhänger sprach Gott zu meinem Herzen. Mir wurde bewusst, dass er mit mir gehen und auch während der Frauenfreizeit bei mir sein und mich segnen würde.

Während der Freizeit trug ich den Anhänger dann die ganze Zeit in meiner Hosentasche – nicht als Glücksbringer, aber als Erinnerung an Gottes Gegenwart. Als ich meine Andachten und Vorträge hielt, war ich total ruhig. Ich war überhaupt nicht mehr so aufgeregt wie noch auf der Hinfahrt, weil mir immer wieder der Unfall durch den Kopf gegangen war. Ich wusste mich plötzlich so geborgen in Gottes Liebe, dass ich einfach mein Herz für seine Gedanken öffnete – und den Unfall völlig ausblendete. Ich war auf dieser Freizeit, um Gottes Wort weiterzugeben, und das war mir in diesem Moment viel heiliger und wertvoller als alles andere.

Gott wirkte intensiv auf dieser Veranstaltung und führte viele Frauen an einen Punkt, an dem sie ihre Ängste und ihr Kontrollbedürfnis abgeben und echte Freiheit in Jesus erleben konnten. Sie lernten Gott zu vertrauen und im Loslassen seinen Segen zu erfahren. Unter Tränen machten diese Frauen einen großen Vertrauensschritt auf ihn zu und seine Nähe war deutlich spürbar. Während die Frauen ihre ganz persönliche Zeit mit Gott verbrachten, betete ich für sie und lobte Gott für seine Gegenwart. Ich durfte erleben, wie er mit diesen Frauen ein ganz neues Kapitel aufschlug. Diesen Moment auf der Freizeit werde ich nie vergessen! Wie unsagbar schade wäre es gewesen, wenn ich selbst nicht diesen Vertrauensschritt gegangen und stattdessen nach dem Unfall zu Hause geblieben wäre? Ja, dieser Schritt hatte sich mehr als gelohnt! Das Thema der Frauenfreizeit war übrigens: „Wundertüte Leben. Warum du Gott voll und ganz vertrauen kannst." Manchmal hat Gott wirklich Humor ...

Auch in der Bibel gibt es etliche Geschichten, bei denen Menschen auf Gott vertraut haben und am Ende dafür belohnt wurden – zum Beispiel die Geschichte von Jakob. Er erlebte Gottes Eingreifen und seine Ermutigung auf eine beeindruckende Weise, als er gerade auf der Flucht vor seinem Bruder Esau war. Jakob hatte Esau um sein Erstgeburtsrecht gebracht und darüber war Esau verständlicherweise nicht gerade erfreut. Nun war Jakob allein auf weiter Flur und wusste nicht, was mit ihm passieren würde. Körperlich und seelisch erschöpft legte er sich hin, um ein wenig auszuruhen. An diesem Tiefpunkt schenkte Gott ihm einen Traum.

Jakob sah eine goldene Himmelsleiter, auf der Engel hoch und runter stiegen. Oben auf der Leiter stand Gott und sagte zu ihm: „Du wirst sehen: Ich stehe dir bei! Ich behüte dich, wo du auch hingehst, und bringe dich heil wieder in dieses Land zurück. Niemals lasse ich dich im Stich; ich stehe zu meinem Versprechen, das ich dir gegeben habe" (1. Mose 28,15). Wow – was für eine tolle Verheißung, was für eine geniale Ermutigung!

Gott nahm Jakob die Angst vor der unsicheren Zukunft, vor allen Gefahren und aller Ungewissheit. Nach dem Traum wusste Jakob: Gott würde mit ihm sein. Als Jakob aufwachte, staunte er sicherlich nicht schlecht. Schließlich hatte Gott selbst gerade durch den Traum zu ihm gesprochen und ihm zugesichert, dass er nicht von seiner Seite weichen würde. Aus Dankbarkeit für diese Zusage baute Jakob Gott danach einen Altar und pries ihn. Dieser Altar sollte eine bleibende Erinnerung an Gottes wunderbares Eingreifen sein. Gott war mit ihm. Mit diesem Wissen setzte Jakob getrost seine Reise fort.

Es setzt viel Kraft frei, wenn Gott uns ermutigt und damit zu Glaubensschritten befähigt – sei es durch einen überwältigenden Traum oder einen kleinen Schlüsselanhänger im Kofferraum. Von Gott ermutigt können wir selbst Schritte wagen, die ungewöhnlich sind und die andere Menschen vielleicht nicht nachvollziehen oder gutheißen können. Von Gott ermutigt, können wir unsere Unsicherheit und Angst überwinden und uns immer wieder auf seine Zusage und seine Versprechen verlassen. Manchmal ist es eine Berufung, die er über unser Leben ausgesprochen hat, an der wir auch in Zeiten festhalten dürfen, wenn uns alles anstrengend und mühsam vorkommt. Manchmal ist es die tiefe innere Gewissheit, die uns ermutigt, voranzugehen, dass Gott uns genau jetzt für diese konkrete Sache gebrauchen will. Dann dürfen wir auf seine Nähe vertrauen, mutig glauben, beharrlich hoffen und den Vertrauensschritt wagen, selbst wenn es eine Entscheidung mit weitreichenden Folgen sein sollte.

Wir erleben jedoch nicht immer unmittelbar nach einem Glaubensschritt, dass Gott uns segnet und beschenkt – zumindest nicht so offensichtlich, wie wir es uns vielleicht erhofft haben. Manchmal fühlt sich die Entscheidung einfach nur richtig an und wir müssen lernen, darauf zu vertrauen, dass Gott wirkt – auch wenn wir es nicht gleich spüren. Aber manchmal dürfen wir nach mutigen Glaubensschritten auch erleben, wie Gott direkt danach den Himmel aufreißt und großen Segen über unserem Leben ausgießt – so wie ich es auf der Frauenfreizeit erleben durfte. Ich durfte erleben, dass Gott uns trotz Herausforderungen und schwachen Momenten gebrauchen kann und mit seiner übernatürlichen Gegenwart durch uns wirkt. Wir dürfen wissen, dass er immer bei uns ist und dass er selbst uns dazu befähigt, seinen Willen zu tun – vertrauensvoll und mutig.

## Mitten ins Leben

In welchem Bereich in deinem Leben ist es für dich dran, dass du Gott (mehr) vertraust und einen mutigen Schritt im Glauben wagst? Wo ist es dran, dass du dich auf eine Zusage von ihm stützt und dadurch gestärkt an seinem Reich baust?

## Alltagstipp

Wann hat Gott dich schon einmal ganz eindeutig beauftragt und ermutigt? Wie kannst du dich an diese Erfahrung am besten immer wieder erinnern und dadurch neue Kraft und

Vertrauen schöpfen? Überlege dir, wie dein „Altar" aussehen könnte und setze deine Idee um. Vielleicht ist es ein Schlüsselanhänger, vielleicht ein gemaltes Bild, vielleicht ein Foto? Lass dich mitten im Alltag immer wieder daran erinnern, dass Gott mit dir ist und dich auch durch ungewisse Situationen hindurch begleiten wird. Sei mutig und geh den nächsten Schritt mit ihm!

# Baustelle Leben

Und er [Gott] hat zu mir gesagt:
Lass dir an meiner Gnade genügen; denn meine
Kraft vollendet sich in der Schwachheit.
Darum will ich mich am allerliebsten rühmen
meiner Schwachheit, auf dass die Kraft Christi
bei mir wohne.
2. Korinther 12,9; LU

Meine frühere Vermieterin hatte in ihrer Küche ein Blechschild mit der Aufschrift hängen: „Das Leben ist eine Baustelle." Ich musste schon häufig an dieses Blechschild denken; irgendwie stieß dieser Spruch in mir auf Gegenwehr. Ich habe eine große Sehnsucht danach, das eigene Leben zu optimieren, persönliche Schwächen zu minimieren, Stärken zu entfalten, immer eine perfekte Leistung zu liefern und keine Versagensmomente zuzulassen. Sollte ich wirklich einfach akzeptieren, dass das Leben eine Baustelle bleibt? Dass sich an diesem halb fertigen Zustand niemals etwas ändern wird? O nein, das wäre zu viel verlangt! Die Sehnsucht danach, dass mein Leben irgendwann glattlaufen und ich nicht immer wieder Rückschläge bekommen würde, ist viel zu groß. Wie schön wäre es, irgendwann einmal mit keinerlei Problemen mehr konfrontiert zu werden – weder im Haushalt noch in meiner Ehe, in der Berufswelt, in meinem Dienst in der Gemeinde, in meinen Freundschaften oder in Bezug auf mich selbst? An dieser Hoffnung, dass das Leben irgendwann eben *keine* Baustelle mehr ist, wollte ich festhalten.

In Momenten, in denen das Leben wieder einmal nach einem großen Chaoshaufen aussah, wollte ich alles dafür geben, damit diese Halbfertigkeit endlich aufhörte. Ich konnte und wollte sie einfach nicht akzeptieren. Nicht bei mir. Nicht in meinem Leben. Die permanente Erinnerung an Chaos und Versagen nagt an meinem Herzen. Vielleicht geht es dir manchmal genauso wie mir? Kennst du das, dass du bei deinem persönlichen Fazit immer wieder schlecht abschneidest, weil dein Blick nur auf die Situationen fällt, in denen du versagt hast?

Wir leben in einer Gesellschaft, in der Optimierung und Perfektion außerordentlich wichtig sind. Die Life- und Fitness-Coaches wachsen wie Pilze aus dem Boden und wollen jedem ihre Services anbieten. Bei *YouTube* gibt es unzählige Tutorials, die den Weg zum Erfolg, zum perfekten Aussehen, zur ewigen Jugend und zum rundum glücklichen und gesunden Leben aufzeigen wollen. In so vielen Podcasts geht es darum, wie wir unsere Zufriedenheit steigern und unsere Charakterschwächen in den Griff bekommen können. So viele Produkte und Programme verheißen uns, irgendwann endlich die Person sein zu dürfen, die wir so gern wären.

Viel zu oft glauben wir all diesen Versprechungen, lassen uns blenden und investieren dann sehr viel Zeit, Kraft und Geld in Dinge, die uns doch nicht weiterhelfen. Gerade wir Frauen im 21. Jahrhundert versuchen, vieles unter einen Hut zu bekommen: Karriere, Kinder, Haushalt, Ehe und am besten noch die ultimative Selbstverwirklichung. Anstatt im Hinblick auf all diese unterschiedlichen Anforderungen gnädig mit uns zu sein, gängeln wir uns selbst zu noch mehr Leistung. Wir lassen es zu, dass die To-do-Listen uns antreiben und unseren Lebensrhythmus bestimmen.

Wenn ich früher diese vernichtenden Momente erlebte, in denen ich meinem Anspruch in einem Bereich nicht gerecht wurde, wuchs in mir die Verzweiflung: „Gott? Wo bist du? Hilf mir doch! Warum klappt es nicht?" In solchen Momenten fing ich an, mich selbst anzuklagen: Du bist eine Versagerin. Du kriegst nichts auf die Reihe. Ich kämpfte gegen mich selbst und blendete dabei alles aus, was ich sehr wohl schon „auf die Reihe bekommen" hatte. Wenn wir in die Bibel schauen, können wir feststellen, dass wir mit solchen Gedanken nicht allein sind. Selbst Paulus kannte sie. Wir kennen ihn als feurigen Prediger in den Gemeinden und als passionierten Schreiber in seinen Briefen. Er war jemand, der sich mit Haut und Haaren der Sache des Herrn verschrieben hatte und der folglich einen hohen Anspruch an seinen Dienst hatte. Dennoch war er auch nur ein Mensch und kannte deshalb genauso wie wir die Schattenseiten des Lebens und die eigenen, dunklen Versagensmomente. In 2. Korinther 12,9 (LU) verrät er seine Erkenntnis dazu: „Und er hat zu mir gesagt: Lass dir an meiner Gnade genügen; denn meine Kraft vollendet sich in der Schwachheit. Darum will ich mich am allerliebsten rühmen meiner Schwachheit, auf dass die Kraft Christi bei mir wohne."

Ja, auch Paulus kannte Momente der Schwäche und des Versagens. Aber in diesen Momenten erinnerte er sich daran, dass er „nur" Mensch war und sich deshalb nicht als Gott aufspielen musste. In Zeiten der Schwäche durfte er sich daran erinnern, dass Gott größer war als er und für ihn kämpfte – gerade in der eigenen Schwachheit. Gott benötigt keine starken Typen, um zu wirken. Er hat ein Herz für unvollkommene, schwache Menschen, durch die er seine Größe und Macht offenbaren kann. Wenn wir in enger Verbundenheit mit Gott leben, verändert das unsere Ansprüche an uns selbst und nimmt uns unseren permanenten Leistungsdruck. Wir lernen zu akzeptieren, dass Fehler und Versagensmomente zum Leben dazugehören, aber dass Gott unserer Schwäche mit Gnade begegnet. Irgendwann wurde mir Folgendes klar: Wenn ich immer alles perfekt hinbekäme, dann bräuchte ich Gott gar nicht mehr. Es würde mir viel schwerer fallen, ihn in mein Leben einzubeziehen. Aber gerade in den Momenten des Versagens brauche ich Gottes Gnade und kann mich dann über seine Gegenwart und Hilfe freuen.

Ja, ich lebe aus der Gnade, weil ich ohne Gnade völlig aufgeschmissen wäre. Jesus ist für die Diskrepanz zwischen meinem Anspruch und meiner tatsächlichen Leistung gestorben und füllt diese Diskrepanz mit Gnade auf. Durch Jesus Christus bin ich vollkommen. Durch sein Blut bin ich perfekt. Jeder Moment, in dem ich etwas nicht so gut hinkriege wie ich es gehofft hatte, erinnert mich neu daran, dass ich von Gott abhängig und auf seine Gnade angewiesen bin. Und weil ich mir dieser Gnade immer gewiss sein darf, müssen mich die

Momente des Scheiterns nicht mehr so niederdrücken und ich muss mich nicht mehr selbst anklagen. Stattdessen ziehen mich genau diese Momente näher an Gottes Herz. Ich kann lernen, dankbar zu sein. Weil ich Gott habe, muss ich keine Angst mehr vor der eigenen Schwäche haben. Weil ich Gott habe, weiß ich, dass ich in ihm vollkommen bin – auch wenn mein Leben eine Baustelle bleibt.

## Mitten ins Leben

Wie gehst du mit deinen persönlichen Ansprüchen an deine Beziehungen zu anderen und zu Gott um? Mit den Ansprüchen an dein ganzes Leben und dich selbst? Wann erlebst du Momente, in denen eine hässliche Lücke zwischen Anspruch und Wirklichkeit aufklafft? Was kann dich in Zukunft daran erinnern, dass du nicht vollkommen sein musst, sondern es durch Jesus bereits bist?

## Alltagstipp

Überlege dir, welche kreative Gedankenstütze dich in Versagensmomenten an Gottes Gnade und deine Vollkommenheit in ihm erinnern könnte. Es muss gar nichts Großes sein. Vielleicht nur ein Post-it, ein kleines Bild oder ein kurzer Spruch, den du dir in diesen Situationen wieder ins Gedächtnis rufen kannst. Lass dich von Gott herausfordern, mehr von ihm als von dir selbst zu erwarten.

# Gott bleibt bei dir – auch wenn du zweifelst

Rufe mich an in der Not, so will ich dich erretten,
und du sollst mich preisen.
Psalm 50,15; LU

Liebt Gott mich wirklich? An diesem Tag fühlte ich in mir eine große, gähnende Leere. Irgendwie schien Gott so unglaublich weit weg zu sein. Weit weg von meinem Alltag, weit weg von meinen Sorgen und Problemen. Ich fühlte mich vergessen und rang um seine Nähe und Aufmerksamkeit. Ich haderte mit ihm: „Gott? Wo bist du? Warum lässt du mich allein? Warum beantwortest du nicht die Fragen, die mir auf dem Herzen brennen?" Ich musste dringend aus der Enge meiner Wohnung heraus. Ich musste mich auf den Weg machen, auf die Suche begeben. Nach Antworten. Nach Gott. Und so lief ich betend durch die Straßen und fragte Gott immer wieder, warum er schwieg – jetzt, wo ich ihn so dringend bräuchte.

Da stand plötzlich ein circa sechzig Jahre alter Obdachloser vor mir. Sein graues Haar stand zerzaust nach allen Seiten ab, sein Kleidungsstil war lumpig. Freundlich grüßte er mich, stellte sich mit „Norbert" vor und verwickelte mich spontan in ein Gespräch. Er erzählte mir fröhlich, dass er zwar sein Liebstes, seinen Hund, vor wenigen Tagen verloren hätte, aber dass Jesus bei ihm sei. „Ähm ... Jesus? Bist du auch mit ihm unterwegs?", fragte ich ihn erstaunt. „Ja klar, er ist mein treuer Begleiter", antwortete Norbert lächelnd.

Wow, ich staunte nicht schlecht. Wie schön! Seine strahlenden Augen sprachen Bände. In unserem Gespräch zitierte Norbert dann auch immer wieder aus der Bibel, wenn es gerade passte. Sein Herz war voller Vertrauen, Dankbarkeit und Freude. Als ich mich irgendwann wieder auf den Weg machen wollte, bot er an, mich noch ein Stück zu begleiten. Ich willigte ein. Irgendwann kamen wir an seiner Hütte vorbei und er lud mich auf einen kurzen Zwischenstopp ein. Das Radio lief und die leise Musik sorgte für eine friedliche Atmosphäre. Wir setzten uns auf zwei Baumstümpfe vor seiner Hütte und plauderten weiter über dieses und jenes. Die Zeit verging im Nu. Irgendwann holte Norbert seine Gitarre und fing an, aus voller Kehle und Überzeugung einen selbst geschriebenen Lobpreissong zu spielen. Seine Liebe zu Gott war echt. Sein Lied kam aus tiefstem Herzen. Es klang durch die Luft und die Ruhe des Abends. Dieses Lied mit den wundervollen Gitarrenklängen, das ehrliche Gespräch mit Norbert, seine Zuversicht und große Liebe zu Gott, die vielen tröstenden Bibelworte, die er zitiert hatte – das alles berührte mein Herz zutiefst. Vor allem aber berührte mich die Erkenntnis, dass

Gott mir mitten in meinen Zweifeln und meiner verzweifelten Suche nach ihm auf ganz besondere Weise begegnet war – durch Norbert. In dieser Begegnung war Gott mir fast schon persönlich nahegekommen. Er hatte mein Gebet auf unglaubliche Weise erhört.

Als ich später wieder aufbrach, um nach Hause zu gehen, war mein Herz leicht und voller Vertrauen. Ich wusste: Ich lebe mit einem Gott, der mich immer im Blick hat und dem viel daran liegt, mich zu ermutigen und wieder froh zu machen. In Psalm 50,15 steht die „Notrufnummer Gottes", wie der Vers auch gern genannt wird: „Rufe mich an in der Not, so will ich dich erretten und du sollst mich preisen." Mitten in Problemen und herausfordernden Zeiten dürfen wir zu Gott rennen und ihn um Hilfe bitten. Wenn wir mit unserem Latein am Ende sind – und natürlich auch schon vorher – dürfen wir Gott einladen, in die Situation hineinzukommen und die Wogen zu glätten. Egal ob es Wogen der Verzweiflung oder des Zweifelns sind. Denn auch in Zeiten von Zweifel ist Gott die richtige Adresse.

Immer wieder geht unter Christen die Lüge herum, dass Zweifeln sündhaft und verboten sei. Aber das ist eine falsche Annahme. Wenn wir die Psalmen lesen – Texte aus der Feder von David und anderen gottesfürchtigen Poeten – dann wird deutlich, dass dieses Echtsein vor Gott gut ist. Ja, Gott wünscht sich, dass wir ehrlich zu ihm sind – auch wenn wir Zweifel haben. Wir haben das Privileg, in einer engen und vertrauten Beziehung mit ihm leben zu können. Wie seltsam wäre es da, wenn wir alle unsere offenen Fragen und tiefen Sehnsüchte verstecken müssten und so tun würden, als wäre alles prima? Das wäre einfach nur heuchlerisch. Wenn wir nagende Fragen im Herzen mit uns herumtragen, dann ist Gott der beste Adressat für sie. Natürlich können wir auch mit Menschen darüber sprechen und bekommen unsere ersehnten Antworten, vielleicht auch durch ein gutes Buch. Doch vor jeder anderen Hilfe ist Gott die erste und beste Adresse. Wir dürfen ihm ehrlich all das sagen, was uns bewegt und womit wir gerade nicht umgehen können.

Wenn wir das tun, geben wir unseren Zweifeln Raum – aber auch Gott. Wir geben ihm den Raum, zu reagieren und zu antworten, den Frieden wiederherzustellen und sein „Schalom" über den ungestümen Wogen in unserem Herzen auszusprechen. Und Gott liebt es, Frieden zu stiften. Nicht nur bei der biblischen Sturmstillung, als die Jünger auf hoher See waren – auch bei der Sturmstillung in den vielen Herzen seiner Nachfolger heute.

Wenn wir uns authentisch mit unserem Glauben auseinandersetzen und uns leidenschaftlich auf die Suche nach Gott begeben, dann wird es immer wieder einmal Momente geben, in denen Zweifel in uns aufkommen und wir drohen, an ihnen zu verzweifeln. Zweifel gehören zu unserer Reise mit Jesus Christus dazu. Zweifel zu haben, ist absolut menschlich – und biblisch. Nicht nur in den Psalmen begegnen uns Menschen, die gezweifelt haben. Denken wir nur einmal an „Thomas den Zweifler" oder daran, wie schon das Volk Israel in der Wüste mit Gott gehadert und gezweifelt hat. Natürlich sind Zeiten voller Zweifel keine angenehmen Zeiten und natürlich wünscht sich Gott von seinen Kindern Glauben und keinen Zweifel – dennoch hält er unsere Zweifel aus und begegnet uns inmitten von ihnen. Daher brauchen wir keine Angst vor den Momenten des Zweifelns zu haben. Im ehrlichen und offenen Gespräch mit Gott dürfen wir Schritt für Schritt durch sie hindurchgehen, bis Gott uns neu begegnet und uns unsere Zweifel wieder nimmt. Immer und immer wieder.

## Mitten ins Leben
Was sind die Zweifel in deinem Herzen, die dich immer wieder überfallen? Kannst du über deine Zweifel offen mit Gott ins Gespräch kommen? Hattest du schon mal Angst, dass Gott deine Zweifel verurteilt?

## Alltagstipp
Hab keine Angst. Gott läuft nicht weg, er bleibt bei dir – wenn du zweifelst, wenn du haderst, wenn du dich sorgst, wenn du erschöpft bist. Gott bleibt. Atme diesen Gedanken immer wieder ein. Decke doch mal eine Woche lang an deinem Esstisch immer einen Platz für Jesus mit. Mit diesem Bild kannst du in deinem Herzen vielleicht noch besser verinnerlichen, dass er wirklich immer da ist und da bleibt – ganz egal, ob du dich ihm gerade sehr nah oder unendlich weit weg fühlst. Jesus ist da.

# Sag Ja zum Wörtchen Nein!

*Es sei aber euer Ja ein Ja und euer Nein ein Nein.*
Jakobus 5,12; LU

Ich bin Autorin, Redakteurin und Referentin. Außerdem bin ich Ehefrau, Hausfrau, Freundin, Jugendleiterin, Tochter, Schwester, Gemeindemitglied und was man sonst noch alles sein kann. In all diesen Bereichen werden Erwartungen an mich gestellt, doch meine Kapazitäten sind nun einmal begrenzt. Ich kann nicht alles machen und muss mir gewisse Schwerpunkte setzen. Aber was ist mit den vielen Dingen, die ich *nicht* übernehmen kann und die dann erst einmal liegen bleiben? Gehören sie nicht auch „auf meinem Schreibtisch"? Ich will schließlich in jedem Bereich mein Bestes geben und geschätzt werden. Gleichzeitig habe ich zeitliche Grenzen, mit denen ich lernen muss, umzugehen. Wenn ich einen Bereich zeitlich ausufern lasse, macht sich das in meinen anderen Lebensbereichen bemerkbar. Das heißt: Wenn ich es an der einen Stelle nicht schaffe, mir selbst Grenzen zu setzen und diese dann auch zu berücksichtigen, leiden automatisch auch andere Bereiche darunter. Nein zu sagen ist für mich gerade eine wichtige Übung, um nicht in der Fülle der Anforderungen unterzugehen.

In 3. Mose 19,18 steht: „Liebe deinen Nächsten *wie dich selbst!*" Wir müssen nicht immer aus Liebe zum Nächsten alles tun, was er sich gerade in den Kopf gesetzt hat. Wir dürfen genauso darauf achten, was für uns gerade gut ist, und dann entscheiden, wo wir uns einbringen wollen und können. Wir dürfen uns selbst kostbar sein und wir dürfen uns gut um uns selbst kümmern. Doch das fällt vielen Menschen – auch mir selbst – sehr schwer. Mit einem Nein setzen wir die Ampel auf Rot. Wir sagen: „Stopp." Es wird immer so sein: Menschen konfrontieren uns mit ihren Erwartungen, Wünschen und Anforderungen. Zum Teil stülpen sie uns einfach ihre Ideen über und erwarten, dass wir sie ausführen. Doch jedes Mal haben wir ausdrücklich das Recht, Nein zu sagen. „Nein, diesen Auftrag kann ich aktuell nicht annehmen." „Nein, diese Woche kann ich nicht im Gottesdienst Klavier spielen." „Nein, leider habe ich heute keine Zeit für ein seelsorgerliches Gespräch." Jede Anfrage ist eine Frage, die wir mit Ja und genauso mit Nein beantworten dürfen. Natürlich passiert es immer wieder, dass der Betroffene unsere Entscheidung nicht verstehen kann und vielleicht sogar nicht akzeptieren will. Es kann passieren, dass uns die entsprechende Person nicht noch einmal um Hilfe bittet und wir unseren Ruf, bei Tag und Nacht abrufbar zu sein, verlieren. Aber wäre das so schlimm? Wir sind wertvoll und müssen nicht sämtlichen Aufgaben nachkommen, die an uns herangetragen werden, um in den Augen anderer wertvoll zu sein. Nein, wir sind schon zu hundert Prozent wertvoll und dürfen weise und gute Entscheidungen für uns selbst treffen. Wir haben nicht die Pflicht, jede Anfrage mit einem Ja zu beantworten.

Vielleicht fällt es uns schwer, ein Nein auszusprechen und die Konsequenzen davon auszuhalten. Dann können wir uns bewusst machen, dass diese „rote Ampel" gleichzeitig bedeutet, dass wir an einer anderen Stelle die Ampel auf Grün schalten können. Dann zum Beispiel, wenn eine andere Anfrage an uns herangetragen wird, die uns ganz entspricht und die wir sehr gern machen würden. Wie gut, wenn wir dann die Zeit und nötigen Kapazitäten haben, um dieser Anfrage nachzukommen. Wir können fröhlich und aus ganzem Herzen Ja sagen und befreit die Sache angehen – weil wir an anderen Stellen Nein gesagt haben. So haben wir unser Leben an dieser Stelle gut gestaltet. Was bei kleinen Anfragen und Aufgaben funktioniert, gelingt auch in großen Lebensbereichen. Vielleicht stecken wir mitten in einer Beziehung oder Freundschaft, die uns weder guttut noch weiterbringt. Wir dürfen auch zu Menschen Nein sagen und Freundschaften beenden. Vielleicht sind es generelle Erwartungshaltungen von einigen uns wichtigen Menschen, mit denen wir konfrontiert werden, die uns ermüden und immer wieder in Beschlag nehmen. Auch hier dürfen wir Nein sagen und Beziehungen neu ordnen und aufstellen.

Das Tolle ist, dass wir mit der Zeit Übung und Sicherheit im Abwägen und Nein-Sagen bekommen, sodass wir irgendwann nicht mehr die Fülle von Anforderungen mit uns herumschleppen müssen und außerdem zu einer Person mit mehr Kontur werden. Einer Person, die sowohl Ja als auch Nein sagen kann – und dann hinter beidem steht.

In Jakobus 5,12 finden wir diesen schlichten Satz: „Euer Ja sei ein Ja und euer Nein ein Nein." Jakobus fordert uns dazu auf, gewissenhaft und vertrauenswürdig zu sein. Wenn wir zu einem Dienst oder einer Aufgabe Ja sagen, dann fordert uns die Bibel dazu auf, unser Wort zu halten und zuverlässig zu sein. Es ist wichtig, dass unser Ja ein Gewicht bekommt und wir zu unserer Entscheidung stehen. Wenn wir für diese Geradlinigkeit bekannt sind, dann ist es irgendwann auch keine große Sache mehr, wenn wir unsere Ampel hin und wieder auf Rot stellen. Stell dir vor, du sagst häufiger auch mal Nein und erlebst, dass du dadurch mehr Platz im Leben für die Dinge bekommst, die dir Freude machen oder für Dinge, die niemand so gut wie du kannst. Wäre das nicht schön?

## Mitten ins Leben

Fällt es dir schwer, Nein zu sagen? Lebst du selbstbestimmt und gestaltest du dein Leben aktiv, oder wirst du permanent von anderen Menschen beschlagnahmt? Werde dir ganz neu darüber bewusst, dass du wertvoll bist und du dein Leben selbst gestalten darfst. Nicht andere Menschen sind schuld, wenn wir in Stress geraten aufgrund von zu vielen Aufgaben, die wir angenommen haben. Wir selbst treffen die Entscheidungen und wir selbst können Ja oder Nein sagen.

## Alltagstipp

Du darfst Nein sagen. Das ist völlig in Ordnung und erlaubt! Sag also bei der nächsten Anfrage nicht sofort zu, sondern denke erst einmal darüber nach. Folgende Fragen könnten dir bei der Entscheidung helfen: 1. Habe ich grundsätzlich Lust und ein Herz für diese Aufgabe? 2. Habe ich Kapazitäten für diese Aufgabe? Wenn du eine dieser Fragen mit Nein beantworten würdest, ist es in den meisten Fällen die bessere Entscheidung, die Aufgabe nicht anzunehmen – es sei denn, du spürst ganz deutlich, dass Gott sich von dir wünscht, trotz Lustlosigkeit und engem Zeitplan Ja zu sagen, oder aber die Aufgabe fällt in deinen beruflichen Zuständigkeitsbereich und du „musst" dich um sie kümmern. Ansonsten gilt: Du darfst Nein zu einer Aufgabe und Ja zu dir sagen. Denn du bist auch wichtig! Viel Kraft dir dabei!

# Nächstenliebe leicht gemacht?

Und so lautet mein Gebot: Liebt einander,
wie ich euch geliebt habe.
Johannes 15,12

Ich habe schon beides erlebt. Ich habe schon einmal eine Entscheidung getroffen, die enge Freunde und einige Familienmitglieder nicht verstehen konnten. Sie hätten sich selbst niemals so entschieden und wollten nicht akzeptieren, dass ich mich an diesem Punkt entschieden hatte, diesen Weg einzuschlagen.

Natürlich darf jeder von meinen Entscheidungen halten, was er will. Dennoch empfand ich es damals als unfair, dass sie mir ihre eigene Meinung überstülpen wollten. Ich hatte das Gefühl, sie wollten mir meinen Spielraum, in dem ich eigenständig eine Entscheidung treffen durfte, dadurch ein Stück weit wegnehmen.

Ich kenne allerdings auch die andere Seite. So kenne ich es von mir selbst sehr gut, dass ich anderen Menschen mit Nachdruck meine Meinung sage und dabei die Erwartung habe, dass sie meine ach so guten Argumente nachvollziehen können und bei ihren Entscheidungen berücksichtigen. Wie unsäglich schwer ist es, wenn sich zum Beispiel eine liebe Freundin dann doch anders entscheidet? Das ist eine Situation, in der es viel Liebe braucht und die Bereitschaft, dem Nächsten die Verantwortung für sein Leben selbst zu überlassen. Gar nicht so einfach.

Jeder Mensch braucht seine Freiheiten und einen Raum, in dem er sich selbst ausdrücken und sein Leben bewusst gestalten kann. Zur Gestaltung des Lebens gehören natürlich große und kleine Lebensentscheidungen. Wo wohne ich? Wen heirate ich? Wie verdiene ich mein Geld? Wie bringe ich mich in der Kirche oder Gemeinde ein? Welche Rolle spielt Gott in meinem Leben? Wie gestalte ich Freundschaften? Welche Lebensmittel kaufe ich ein und wie ernähre ich mich? Wie viel Wert lege ich auf fair produzierte Waren? Jeder Mensch hat die Freiheit und sollte diese auch haben, eigenverantwortlich sein Leben zu gestalten. Aber das ist oft leichter gesagt als getan. Denn jeder Mensch hat bestimmte Themen oder Ansichten, die ihm besonders „heilig" sind. So werden wir schnell zu „Missionaren", wenn es um eine vegane Ernährung, soziale Gerechtigkeit, einen minimalistischen Lebensstil oder was auch immer geht. Leider gibt es diese „heiligen" eigenen Meinungen auch bei theologischen und ethischen Fragen.

Da gibt es Christen, die die doppelte Prädestinationslehre für das Zentrum des Evangeliums halten und andere Menschen davon überzeugen wollen, oder solche, die die

Heiligung des Sabbat über alles stellen, andere sehen die Zungenrede als notwendigen Beweis für die Geisterfüllung, andere glauben, dass Gott heute nur noch durch die Bibel zu uns spricht und wirkt. Die Palette an unterschiedlichen Überzeugungen ist groß. Und viele Christen wollen ihre Überzeugungen auf Biegen und Brechen den anderen überstülpen und werden aufgebracht, wenn andere Christen gegensätzliche Standpunkte vertreten. Dabei sollte jeder Mensch, auch im christlichen Kontext, die Freiheit haben dürfen, selbst zu denken, sich seine eigene Meinung zu bilden und dann die entsprechenden Entscheidungen zu treffen. Diese Verantwortlichkeit dürfen wir unserem Nächsten nicht wegnehmen. Auch wenn es ab und zu bedeutet, mit in unseren Augen „falschen" Entscheidungen von anderen zu leben. Diese Entscheidungen müssen wir akzeptieren und manchmal auch einfach aushalten. Genauso wie Menschen, die uns nahestehen, mit unseren Entscheidungen und Überzeugungen klarkommen müssen.

Ich persönlich stelle immer wieder fest, wie schwer es mir fällt, Menschen nicht negativ zu beurteilen, die in Sachen Wertschätzung oder Kommunikation nicht gerade die stärksten sind. Ich selbst mag es sehr, anderen Menschen Komplimente zu machen, sie zu loben und zu ermutigen, sie in ihren Träumen zu unterstützen und zu neuen Schritten zu motivieren. Ich mag es total, zu sehen, wenn Menschen Herzensprojekte angehen und vertrauensvoll mit Gott über Mauern springen. Diese Kultur von Wertschätzung ist mir sehr wichtig im Miteinander mit anderen Menschen. Selbst diese Kultur zu pflegen, fällt mir leicht, aber gleichzeitig fällt es mir schwer, es auszuhalten, wenn Menschen mir gegenüber nicht diese wertschätzende Haltung einnehmen oder mich bei meinen Träumen nicht unterstützen und ermutigen. Wenn die eher kritische Haltung anderer mich ausbremst.

In Johannes 15,12 stehen die herausfordernden Worte von Jesus: „Und so lautet mein Gebot: Liebt einander, wie ich euch geliebt habe." Den Nächsten zu lieben ist eine große Lebensaufgabe mit vielen Facetten. Es bedeutet sehr viel: Dem Nächsten die Freiheit zu geben, das Leben eigenverantwortlich zu gestalten. Den Nächsten wertzuschätzen, auch wenn er teilweise anders handelt und ist, wie wir selbst. Den anderen nicht an den eigenen Stärken zu messen. Sich Zeit zu nehmen, sich auf den anderen einzulassen und zu versuchen, seine Ansichten nachzuvollziehen. Nicht den Anspruch zu haben, das Leben für den anderen planen und gestalten zu können. Die Schwächen des anderen in Liebe anzunehmen und anstatt sie permanent hervorzukehren. Mit Gnade die Schattenseiten des Nächsten zu begegnen. Dem Nächsten zu vergeben, wo er uns verletzt hat. Ja, den Nächsten zu lieben beinhaltet viele Facetten ...

Vielleicht ist es hilfreich, wenn wir uns darüber im Klaren sind, dass auch wir für andere Menschen manchmal merkwürdig erscheinen. Genauso wie wir einen gewissen Wertekodex haben und es nicht verstehen können, wenn andere Menschen nicht nach unseren Werten leben, funktioniert es schließlich auch andersherum. Vielleicht können wir beim nächsten „Hände-über-dem-Kopf-Zusammenschlagen" daran denken, dass es anderen Menschen auch mit uns selbst manchmal so ging, die dann gnädig gelächelt und uns in unserer Unvollkommenheit angenommen haben. Denn: Auch wir sind nicht perfekt. Jesus ist uns in Sachen Nächstenliebe ein riesengroßes Vorbild. Er liebte uns Menschen, als wir noch nichts von ihm wissen wollten. Er liebte uns, als wir noch getrennt von ihm waren. Das bedeutet, dass wir so völlig anders waren als er. So völlig anders, was unser Verhalten, unser Denken und alle unsere Werte betraf. Trotzdem liebte er uns. Von ihm können wir uns inspirieren lassen und lernen, genauso mit unseren Mitmenschen umzugehen.

## Mitten ins Leben

Welche Werte und Verhaltensweisen sind dir so wichtig, dass du wenig Verständnis zeigst, wenn andere diese nicht genauso leben? Bei welchem guten Freund oder Familienangehörigem fällt es dir immer wieder schwer, ihm oder ihr Raum für die eigenverantwortliche Lebensgestaltung zu geben? Wie äußert sich das in der Beziehung zu dieser Person? Wo erlebst du es, dass andere Menschen dir Meinungen und Werte überstülpen wollen?

## Alltagstipp

Entscheide dich heute ganz neu dafür, deine Familienangehörigen und Freunde zu lieben und Ja zu ihnen zu sagen, auch wenn sie manchmal so anders sind als du.

# Zwischen Bügelwäsche und Abwasch einfach mal tanzen

Gott, mein Herz ist bereit, ich will singen und
spielen. Wach auf, meine Seele!
Psalm 108,2; LU

Das Leben kann manchmal ziemlich zermürbend sein. Da sind neben meinem Job all die Verpflichtungen und alltäglichen To-dos, denen ich nachkommen muss. Konkret sind das bei mir die Aufgaben rund um den Jugendkreis, den mein Mann und ich leiten, oder andere Aufgaben in der Gemeinde, terminierte Abgaben von Manuskripten, an die ich mich zu halten habe, Events, die ich rechtzeitig organisieren und vorbereiten muss, der Haushalt, der gemacht werden will, und so weiter. Vielleicht sind es bei dir die Kinder, mit denen du den Alltag verbringst, mit denen du Hausaufgaben machst und spielst und die fast rund um die Uhr umsorgt werden müssen. Je mehr Menschen in einem Haushalt leben, umso mehr gibt es außerdem zu kochen, zu backen, aufzuräumen, zu waschen, zu bügeln. Ehe man sich versieht, ist der Wäscheberg wieder riesengroß. Jeden Tag heißt es putzen, kochen, waschen und aufräumen. Vielleicht erfordert die Gemeinde unsere ganze Kraft, unsere Ehe, unser Singledasein und die damit verbundene Partnersuche oder unsere eigenen kreativen Projekte.

Neben all diesen To-dos können noch ganz andere Dinge schwer auf unserer Seele lasten: unverarbeitete Geschichten aus der Vergangenheit, Sorgen vor der Zukunft, zwischenmenschliche Konflikte, die hohen Erwartungen anderer, finanzielle Schwierigkeiten, Selbstwertprobleme und so viel mehr. Der Leistungsdruck krabbelt an unseren Herzwänden hoch und damit auch unser Anspruch, in allen Bereichen erfolgreich zu sein. Schnell kann die Summe aller dieser wichtigen Dinge unser Herz erdrücken. Wir fühlen uns matt und müde. Das Leben wirkt schwer und kraftzehrend. Einfach mal träumen? Einfach mal wieder Kind sein? Einfach mal den Moment genießen? Wie ging das noch mal?

In unserer Zeit, in der wir alle danach streben, effektiv zu leben, das Bestmögliche aus unserem Leben herauszuholen und gleichzeitig den Ansprüchen der anderen gerecht zu werden, verlernen wir schnell die Kunst, innezuhalten und den Moment auszukosten, Zeit einfach mal verstreichen zu lassen, sie vielleicht sogar bewusst zu verschwenden. Aber was wäre das Leben wert ohne diese Momente? Was wäre unser Leben für eine Last, wenn wir nicht immer wieder einen Weg zurück in die Leichtigkeit suchen würden? Als Christ ist der beste Weg dorthin, wenn wir Gott die Lasten abgeben, die uns erdrücken. Jesus hat uns sogar verheißen, dass er uns dann wieder „erquicken will" (siehe Matthäus 11,28), damit wir wieder frei sein und unbeschwert wie ein Kind spielen können. Damit meine ich nicht das Spielen mit Bauklötzen oder Puppen. Vielmehr meine ich die spielerische Leichtigkeit im Herzen, mit der ein Kind durchs Leben hüpft. Spontan Kirschenpflücken gehen, ausgelassen mit Kindern Fangen spielen, bei lauter Musik mit der besten Freundin verrückte „Tanzmoves" machen. Einfach mal etwas Verrücktes starten und spontan mit einer Freundin nach Hamburg fahren, ein Fest organisieren und alle Freunde einladen, eine Nacht im Freien schlafen, auch wenn man dafür nur ein paar Meter in den Wald vor der eigenen Haustür geht, ans Meer fahren und die frische Brise einatmen, einfach mal ein paar Tage auf dem Jakobsweg pilgern – warum eigentlich nicht? Warum eigentlich nicht einfach mal alles vergessen und wieder Kind sein – unbeschwert und frei?

In dem schönen Psalm 108,2 heißt es: „Gott, mein Herz ist bereit, ich will singen und spielen. Wach auf, meine Seele!" Hier wird mit poetischen Worten an die eigene Seele appelliert, dass sie aufwachen, singen und spielen soll; alles Schwere loslassen und sich ganz Gott widmen – seiner Herrlichkeit und seiner Schönheit. Ihn in den Blick nehmen und für ihn singen. Einfach mal sein und die Leichtigkeit in seiner Gegenwart einatmen. Gottes Barmherzigkeit und Gnade erkennen und annehmen. Sich auch mal von allem religiösen Leistungsdruck befreien. Gott hat sich schon um unsere Vergangenheit gekümmert und unsere Zukunft im Blick. Und unsere Gegenwart liegt auch in seiner Hand. Er ist bereit, sich um unser Kleinklein im Alltag zu kümmern. Ist das nicht befreiend zu hören? Warum nur ist unsere Seele dann immer wieder so tonnenschwer?

Gott freut sich, wenn wir zwischendurch einfach mal befreit und aus ganzem Herzen lachen. Wenn wir uns an der Schönheit der Welt erfreuen, dankbar sind, dass wir leben und Gott uns grenzenlos liebt. Wenn wir uns wieder daran erinnern, was es bedeutet, dass seine Gnade für uns jeden Tag neu ist und er uns jeden Tag mit seiner Liebe versorgen und erfrischen will. Er freut sich sehr, wenn wir seine Gegenwart genießen, den Blick auf ihn richten und das Leben dann aus einer neuen Perspektive heraus betrachten. Er freut sich, wenn wir nicht mehr auf unsere Alltagssorgen schauen, sondern auf die großartigen Möglichkeiten, die er für unser Leben hat. Gott liebt es, wenn wir ihn nach seinen Ideen für unser Leben fragen und dann anfangen, zu träumen – mit Gott zusammen über unser Leben. Über unsere Pläne und Chancen. Unsere Familie. Unsere Ehe. Unsere Gemeinde. Unsere Nachbarschaft. Und über uns selbst. Wir dürfen wissen, dass er da ist, uns beschenken und führen will, deshalb können wir uns einfach mal fallen lassen – in seine Arme – wie ein Kind, das seinem Vater bedingungslos vertraut. Dort können wir träumen, tanzen und nach unseren Träumen greifen wie nach bunten Schmetterlingen. Sie sind da. Überall.

## Mitten ins Leben

Fühlst du noch das Kind in dir oder hat es sich schon lange hinter irgendwelchen Aufgaben und Pflichten versteckt? Was könnte dir helfen, wieder unbeschwerter und sorgenloser durchs Leben zu gehen? Was würdest du in leichten Momenten gern tun?

## Alltagstipp

Warum machst du heute nicht einfach mal eine verrückte Aktion? Brich einmal ganz bewusst aus deinem Alltag aus und stoppe deine Aufgaben für einen federleichten Moment. Und dann genieße ihn.

# Groß, größer, Gott

Ich bin, der ich bin!
2. Mose 3,14

Mein Papa ist mein Papa und genauso behandele ich ihn auch: Mit Respekt, Wertschätzung und Liebe. Klar, ich kann mit ihm Spaß haben und lachen, doch er ist mein Papa und nicht mein Buddy. Er hat eine klare Rolle. Mein Ehemann ist mein Ehemann. Klar, damit spielt er eine sehr große und vielfältige Rolle in meinem Leben: Wir haben den Bund fürs Leben geschlossen, ich weiß mich bei ihm aufgehoben, wir gehen gemeinsam durchs Leben und kämpfen füreinander. Wir sind Partner, die das Leben gemeinsam gestalten. Wir sind Liebende, die sich mit Zärtlichkeiten und schönen Worten beschenken und die ihr Herz füreinander rein halten. Wir sind Freunde, die miteinander über Gott und die Welt reden können und die es genießen, sich offen und ehrlich auszutauschen. Christian ist nicht mein Papa, nicht mein Chef, nicht mein Bruder – er ist mein Ehemann. Aber Gott? Er verbindet viele Rollen miteinander.

Er ist mein Papa im Himmel, zu dem ich jederzeit gehen kann, um einfach Gemeinschaft mit ihm zu haben, mich bei ihm auszuheulen, meine Sorgen von der Seele zu reden. Ich darf mich einfach, wie ein kleines Kind bei seinem Papa, auf Gottes Schoß setzen und bei ihm sein. Ausruhen, auftanken, mich lieben lassen. Gott ist aber auch mein Bräutigam, der mir sein Ja geschenkt hat und den ewigen Bund mit mir geschlossen hat. Ich als seine Braut darf immer mehr in das vollkommene Bild hineinwachsen, das er schon jetzt von mir hat. Ich darf mich durch den Heiligen Geist verändern und prägen lassen und Gott mit meinem Leben und all den großen und kleinen Entscheidungen darin ehren. Mein Leben ist in gewisser Weise eine Vorbereitung auf eine herrliche Zukunft mit meinem Bräutigam.

Gott ist aber auch mein Freund. Ich verbringe Zeit mit ihm, erzähle ihm viel, lache mit ihm, genieße den Moment mit ihm. Beim Autofahren sitzt er neben mir, im Büro ist er stets an meiner Seite und auch zu Hause lässt er mich nie allein. Wir teilen den ganzen Alltag miteinander – wie gute Freunde – nur noch viel besser.

Und dann ist Gott auch noch mein Hirte. Er kennt einen guten Weg, den er mit mir gehen will. Wenn ich es zulasse, dann nimmt er mich liebevoll an seine Hand und führt mich zu schönen Quellen, wo ich erfrischt werde, und durch tiefe Täler, um danach wieder neue Höhen erklimmen zu können. Er führt mich in eine neue Weite und lädt mich dabei ein, ihm zu vertrauen und mich auf seine guten Wege für mich einzulassen.

Gott ist aber auch König in meinem Leben. Er ist die Autorität, der ich mein Leben unterstelle und der ich mich unterordne. Ich sehne mich danach, dass mein Leben Gott ehrt und er darin groß wird. Zugegeben, so zu leben ist im Zeitalter von *Instagram* und der permanenten Selbstvermarktung alles anderes als einfach, aber ich will es trotzdem immer wieder versuchen: mich von mir selbst zu lösen und Gott, meinen König, in den Mittelpunkt meines Lebens zu rücken. Denn genau dieser Platz gebührt ihm. Seine Liebe ist das Bedeutendste und das Größte, was ich habe, und ich will nichts mehr, als dass seine Liebe durch mein Leben zum Ausdruck kommt und dadurch andere Menschen erreicht und berührt.

Papa, Bräutigam, Freund, Hirte, König – das alles und noch viel mehr ist Jesus für mich. Aber wie begegne ich diesem Jesus mit diesem großen Spektrum an Rollen und unterschiedlichen Eigenschaften? Einem majestätischen König begegne ich schließlich anders als einem Freund oder meinem Bräutigam ... Kann ich willkürlich wählen, welches Gottesbild mir gerade am besten passt, oder ist das eine wichtiger als das andere? Könnte es passieren, dass ich manche Rollen in den Vordergrund stelle und dafür andere vernachlässige? Könnte mein Bild von Gott am Ende gar falsch sein, weil ich manche Eigenschaften hinten runterfallen lasse? Am besten beantworten wir diese Frage, wenn wir uns anschauen, was Gott eigentlich selbst über sich sagt. In 2. Mose 3,14 stellt er sich mit folgenden Worten vor: „Ich bin, der ich bin!" Er sagt Mose nichts von seiner Rolle als Freund, König und Vater. Er sagt Mose einfach, dass er der ist, der er ist. Er ist. Er ist präsent. Er ist da. Er ist lebendig. Mose ist nicht auf sich allein gestellt. Gott ist mit ihm und wird mit ihm durchs Leben gehen. Was für eine Zusage, was für eine herrliche Gewissheit!

Im Neuen Testament stellt sich Jesus ganz unterschiedlich vor:

- Ich bin das Brot des Lebens. (Johannes 6,35)
- Ich bin das Licht für die Welt. (Johannes 8,12)
- Ich allein bin die Tür. (Johannes 10,9)
- Ich bin der gute Hirte. (Johannes 10,11)
- Ich bin die Auferstehung, und ich bin das Leben. (Johannes 11,25)
- Ich bin der Weg, ich bin die Wahrheit, und ich bin das Leben. (Johannes 14,6)
- Ich bin der wahre Weinstock. (Johannes 15,1)
- Ich bin ein König. (Johannes 18,37)

Anhand dieser sprachlichen Bilder offenbart uns Jesus sein Wesen. Wenn man diese Bilder mit all den Rollen verbindet, die Gott in der Bibel noch einnimmt, wird deutlich, wie unfassbar groß er ist, wie bunt und facettenreich die Bandbreite aller seiner Eigenschaften und Stärken ist. Um Gottes Wesen ganzheitlich zu beschreiben, bräuchte es sehr viel Papier, sehr viele Worte und sehr viele Sätze. Und egal wie viel wir über Jesus schreiben würden – wir hätten trotzdem niemals alles gesagt. Egal wie präzise wir unsere Worte wählen und wie detailliert wir auf alle seine Eigenschaften eingehen würden – wir hätten trotzdem immer nur einen winzigen Bruchteil seines Wesens erfasst. Gottes Sein sprengt alle unsere Vorstellungskraft und unsere Fantasie, aber wir dürfen uns sicher sein, dass dieser unfassbare und unvorstellbare Gott ganz nah bei uns ist. So nah, wie es nur irgendwie möglich ist. Er wohnt in uns, er hat Raum in unserem Sein genommen. Was für ein Geheimnis, was für ein Mysterium! Genau dieser

Gott, der so viele Rollen, Eigenschaften und Stärken in seiner Person vereint, will Zeit mit uns verbringen. Mit mir. Mit dir. Nicht in erster Linie als Vater oder primär als Freund – sondern als Gott. Er ist alles für uns.

Das bedeutet nicht, dass seine Konturen verwischen und dass seine Facetten keine Rolle spielen würden. O nein, im Gegenteil! Durch die unterschiedlichen Seiten, die Gott uns in der Bibel präsentiert, dürfen wir ihm immer mehr auf die Spur kommen. Wir verstehen, wer er für uns sein will und wie er sich eine Beziehung mit uns vorstellt. Nicht, indem wir uns nur eine Seite von ihm rauspicken und ihn nur als Freund oder ausschließlich als König behandeln, sondern vielmehr indem wir über die unterschiedlichen Seiten von Gott nachdenken und ihm in seiner unfassbaren Größe damit nahekommen.

Jede Seite ist wichtig, um Gott so gut wie es geht zu erkennen und kennenzulernen. Jede Seite von Gott formt unsere Beziehung zu ihm auf eine ganz eigene Weise. Wie unglaublich wertvoll ist das Bild von ihm als Vater, bei dem ich Wärme und Geborgenheit genießen darf? Wie unfassbar toll ist es, mit ihm als Freund durch den Alltag gehen zu dürfen? Wie erhaben ist Gott als König und welche Ehre gibt es mir, dass ich selbst eine königliche Identität durch ihn bekomme, weil er mich Königstochter nennt? Wie beruhigend ist es für mich, dass ich von ihm als gutem Hirten geführt werde und dass er mein Leben permanent im Blick hat? Wie bedeutsam und alles entscheidend ist es für mich, dass er mein Retter ist, der am Kreuz sein Leben für mich gegeben hat? Erst wenn wir es zulassen, dass Gott mit all seinen Eigenschaften und Rollen unser Gottesbild prägt, wird uns klar, welchen großen Raum er in unserem Leben einnehmen will. Er möchte alles für uns sein und mit diesem unbegreiflich herrlichen Gott dürfen wir eine intime Herzensgemeinschaft haben. Das bewegt mich zutiefst und lässt mich immer wieder staunen. Gott ist der, der er ist. Diesen Gott will ich in seinen Facetten und Rollen immer besser kennenlernen! Und damit werde ich nie fertig sein, denn es wird immer noch viel mehr zu erkennen und entdecken geben. Eine aufregende Aussicht auf das Leben mit einem aufregenden Gott!

## Mitten ins Leben
Welche Eigenschaft Gottes betonst du in deiner Beziehung zu Gott am meisten? Was ist dir besonders wichtig, vielleicht auch bedingt durch deine Lebensgeschichte und deiner christlichen Prägung? Mit welcher Rolle konntest du bislang nicht so viel anfangen? Mit welchen Rollen willst du dich in Zukunft intensiver befassen, um Gottes Wesen noch mehr zu ergründen und etwas davon in deinem Leben durchschimmern zu lassen?

## Alltagstipp
Komme Gottes Eigenschaften auf die Spur. Suche dir dafür täglich eine Seite von Gott aus und lebe den Tag ganz bewusst in dem Wissen, dass Gott zum Beispiel dein Retter ist. Rede mit ihm in dem Wissen, dass er dein Retter ist. Vielleicht werden dir dadurch die einzelnen Eigenschaften noch wichtiger und wertvoller? Ein Versuch ist es wert.

# Wir sind halt keine 20 mehr ... aber da geht noch was!

*Ein jegliches hat seine Zeit, und alles Vorhaben unter dem Himmel hat seine Stunde.*
Prediger 3,1; LU

Meine Schwägerin und ich trafen uns, um gemeinsam zu frühstücken. Irgendwann ließ sie den Satz fallen: „Hach, am Ende meines Lebens werde ich so viele Bücher noch nicht gelesen haben ..." Und ich fügte hinzu: „Am Ende meines Lebens werde ich so viele Buchideen nicht verwirklicht haben ..." Sie, die Buchhändlerin, und mich, die Autorin, verbindet die große Liebe zu Büchern, und in diesem Moment verband uns noch etwas anderes: die Melancholie darüber, dass das Leben irgendwann zu Ende sein wird und wir dann vieles einfach nicht geschafft haben werden. Wir werden so vieles verpasst haben – und zwar nicht nur gute Bücher. Wir werden so viele Länder nicht bereist haben, so viele Dinge nicht ausprobiert haben, so viele Lebensformen nie kennengelernt haben. Ja, wir werden so vieles einfach nicht erlebt haben. Das kann einen ganz schön runterziehen – vor allem, wenn man wieder einmal merkt, wie die Zeit rast.

Vorletztes Jahr wurde ich 30 Jahre alt. Ich wusste nicht, wie sich das anfühlen würde, schließlich wird man nur einmal im Leben 30. Ich redete mir ein, dass 30 ja nur eine Zahl sei. Außerdem wollte ich mit 30 Jahren immer verheiratet sein und das hatte ich ja gerade noch so geschafft – von daher war ja eigentlich alles gut. Trotzdem war mir klar, dass ich die Zwei vorne nun endgültig abgeben musste und dass damit meine wundervolle „Jungerwachsenenzeit" endgültig vorbei sein würde.

Mit 30 Jahren ist man keine „Jungerwachsene" mehr, auch wenn auf „Jungerwachsenenevents" sehr gern noch Leute mit Ende 30 oder sogar Anfang 40 herumspringen. Es ist ja auch in Ordnung, wenn man sich noch jung fühlt und Teil der jungen Generation bleiben möchte. Es stört mich nicht, schließlich kann es sogar bereichernd sein, wenn Ältere dabei sind, aber ich finde es trotzdem schön, wenn man irgendwann auch „sein eigenes Ding" macht. Vielleicht macht man einen neuen Hauskreis auf oder plant ein Event genau für die eigene Altersgruppe? Etwas, das genau diese jung gebliebenen „normalen Erwachsenen" abholt?

Ich glaube, es ist wichtig, dass man nach vorne lebt und versöhnt mit dem eigenen Alter ist. Wenn man nur zurückschaut und der Jugendzeit hinterhertrauert, fehlt einem die Kraft und die Kreativität, um das aktuelle Alter bestmöglich zu gestalten. Unsere Jugend ist irgendwann vorbei, auch wenn wir noch so gern für immer jung wären. Und natürlich fallen damit auch Optionen weg, weil man für manche Dinge vielleicht tatsächlich irgendwann „zu alt" ist. Und natürlich ist bis zu dem Punkt, an dem wir jetzt stehen, nicht immer alles rund gelaufen in unserem Leben: Wir haben Entscheidungen getroffen, die wir hinterher bereut haben und es vielleicht noch immer tun. Wir haben Erfahrungen gemacht, auf die wir gern verzichtet hätten. Wir haben manche Zeiten nicht so genossen, wie wir es im Nachhinein gern getan hätten.

Das alles ist traurig, aber daran können wir jetzt nichts mehr ändern. Doch wir müssen uns bewusst machen, dass wir irgendwann genauso auf die Zeit zurückblicken werden, in der wir jetzt gerade leben – als frischgebackene „Erwachsene". Darum tun wir gut daran, uns mit der Vergangenheit zu versöhnen und dann mit Freude durchzustarten. Wir sollten unser aktuelles Alter in vollen Zügen genießen und das Beste aus ihm herausholen. Ich kann sagen: Ich bin echt dankbar, jetzt erwachsen zu sein. Und ich verrate dir auch, warum:

## Jetzt ist es an der Zeit, noch mehr Verantwortung zu übernehmen

Mit Anfang 20 waren wir noch Berufsanfänger oder noch mitten im Studium. Wir haben uns gefragt, an welcher Arbeitsstelle und in welchem Gemeindedienst wir unsere Stärken am besten einbringen können. Wir sahen so viele Möglichkeiten und Chancen vor uns liegen, dass wir uns am liebsten gar nicht entscheiden wollten, um uns möglichst viele Optionen offenzuhalten. Als Erwachsene stelle ich nun fest, dass ich bereit bin, mich auf etwas zu fokussieren und meinen Einflussbereich noch aktiver mitzugestalten. Ich habe inzwischen schon mehr Lebenserfahrung gesammelt und mir über unterschiedliche Themen viele Gedanken gemacht. Nun möchte ich richtig „mitmischen" und Verantwortung übernehmen für das, was ich tue. Ich möchte für die nächste Generation da sein und mutig vorangehen. Ich glaube, dass jetzt unsere Generation dran ist, Werke und Gemeinden voranzubringen, kreativ zu werden und sich voll ins Reich Gottes zu investieren.

## Die eigene Identität ist gefestigt

Die meisten Teens und Jugendlichen haben mit ihrem Selbstwert zu kämpfen und brauchen noch Zeit, um sich selbst so anzunehmen wie sie sind und ein Ja zur eigenen Persönlichkeit und zum eigenen Körper zu finden. Der Weg zur Selbstannahme ist nicht leicht, aber dennoch „begehbar". Mit wertvollen Impulsen, guten Vorbildern und natürlich Gottes Unterstützung kann man es schaffen, eine gesunde Beziehung zu sich selbst aufzubauen.

Als erwachsene Frau gelingt mir diese bedingungslose Selbstannahme immer besser und ich stelle fest, dass die gute Beziehung zu mir selbst auch meine Beziehung zu anderen positiv beeinflusst. Ich habe gemerkt, je weniger Gedanken ich mir um mich selbst und meine Wirkung auf andere mache, desto mehr kann ich mich in mein Gegenüber investieren. Ich höre ganz anders zu, wenn Menschen mir etwas erzählen. Ich begegne Menschen mit einer anderen Haltung und einer gewachsenen inneren Stärke. Ich verliere zunehmend die Angst, Fehler zu machen und von Menschen bewertet zu werden. Meine Stärke ziehe ich nicht mehr aus der Anerkennung und Zustimmung von anderen, sondern aus meiner Identität in

Jesus Christus. Ich weiß, dass ich *durch ihn* stark bin, auch wenn ich mich nicht immer so fühle. Auch das verbuche ich ein Stück weit auf mein „fortgeschrittenes" Alter.

## Der Altersunterschied zu Jüngeren ist ein Geschenk
Gerade in der Arbeit mit Jugendlichen genieße ich es sehr, einige Jahre älter zu sein als sie. Als ich mit Mitte 20 Jugendarbeit gemacht habe, war ich noch nah dran an meiner eigenen Jugendzeit. Es fiel mir deshalb immer wieder schwer, meine Rolle als Leiterin zu finden. Mit Anfang 30 bin ich nun einige Jahre älter als sie und wirklich keine Jugendliche mehr. Ich nehme meine Leitungsrolle ganz anders wahr und bin mir darüber bewusst, dass ich die Jugendlichen in meiner Leiterfunktion prägen kann. Ich muss nicht mehr den Clown spielen, um Aufmerksamkeit zu bekommen. Ich weiß, wer ich bin, und kann die Zeit mit den Jugendlichen einfach entspannt genießen. Ich darf ihnen zuhören, für sie da sein, Impulse weitergeben, sie herausfordern und ermutigen – und genau das liebe ich sehr!

Ja, wir sind keine 20 mehr. Wir bringen schon eine ganze Ecke mehr Lebenserfahrung mit und sind in mancherlei Hinsicht hoffentlich auch schon ein wenig weiser geworden. Mit den Erfahrungen, die wir gemacht haben, können wir nun den jüngeren Menschen helfen.

## Wir haben mehr (finanzielle) Freiheiten
Wir denken zwar oft, in der Jugend sei man viel freier gewesen, aber eigentlich stimmt das gar nicht. Mit Mitte, spätestens Ende 20 haben wir ganz andere Freiheiten: Wir sind zwar nicht mehr jugendlich, aber irgendwo trotzdem noch jung und energiegeladen und können nun selbstbestimmt

unser Leben gestalten. Wir haben inzwischen wahrscheinlich mehr Geld und allein deshalb mehr Freiheiten. Wir können großzügiger leben und guten Gewissens jemanden zum Essen einladen oder einem lieben Menschen etwas Größeres schenken, ohne gleich aufs Geld achten zu müssen. Wir können uns selbst mal etwas gönnen, tolle Urlaube genießen und schöne Kleidung kaufen. Und wir können vielleicht auch mehr Geld ins Reich Gottes investieren.

Natürlich liegt schon einiges an hoffentlich schöner (Jugend-)Zeit hinter uns, aber es liegt auch noch so viel wertvolle Zeit vor uns, auf die wir uns freuen dürfen. Also Ladys, lasst uns die Melancholie über die vergehende Zeit abschütteln und voller Elan in die Zukunft durchstarten!

## Mitten ins Leben

Wie geht es dir, wenn du an deine Jugend denkst? Wirst du dankbar oder trauerst du der vergangenen Zeit hinterher? Würdest du sagen, du bist mental schon voll in deinem „Erwachsensein" angekommen? Was genießt du an deinem jetzigen Alter besonders? Auf was freust du dich, was dieses Alter noch mit sich bringen wird?

## Alltagstipp

Mach doch mal etwas Verrücktes, das du dir früher nicht so einfach hättest leisten können. Buch einen coolen Trip in ein Land deiner Wahl oder besuche spontan eine Freundin, die weiter weg wohnt. Von wegen, wir sind alt und langweilig geworden! Wir sind zwar erwachsen, aber können immer noch jung sein!

# Unkontrolliert schön

Und der Friede, den Christus schenkt,
soll euer ganzes Leben bestimmen.
Gott hat euch dazu berufen, in Frieden
miteinander zu leben; ihr gehört ja alle zu dem
einen Leib von Christus. Dankt Gott dafür!
Kolosser 3,15

Irgendwie stehe ich mir mit meinen perfektionistischen Ansprüchen oft selbst im Weg. Mein letzter Geburtstag war das beste Beispiel dafür. Schon Wochen vorher hatte ich mir Gedanken darüber gemacht, was ich an diesem Tag Schönes erleben will. Ich wusste, dass ich an meinem Geburtstag selbst den Junggesellinnenabschied einer Freundin feiern würde, deshalb wollte ich es mir schon am Tag vorher mit meinem Mann Christian richtig schön machen. Doch wie sollte dieses „schön" konkret aussehen? Ich hatte mir viele Gedanken gemacht und diverse Optionen von A – Z durchdacht. Es sollte schließlich ein *besonders* schöner Tag werden. Ein Tag, an den ich immer wieder gern denken würde – auch noch Jahre danach.

Mit diesen Erwartungen im Kopf kann man natürlich nur noch verkrampft und kontrollierend werden. Liebe Menschen wollen einen überraschen? Das funktioniert nicht – schließlich will man das Beste aus dem Tag machen, und was das Beste ist, weiß man selbst ja immer noch am besten – oder auch nicht. Ich hatte so viele Optionen im Kopf und konnte mich irgendwie nicht entscheiden. So war ich schon Tage vor meinem Geburtstag ein wenig genervt, weil ich immer noch keinen perfekten Plan für den Tag hatte. Schließlich sagte mein Mann, ich sollte es einfach sein lassen mit der Planerei, und *er* würde mir einen schönen Tag gestalten. Ich nahm sein Angebot dankbar an. Dann kam der Tag vor meinem Geburtstag. Wir starteten in den Tag und es kam, wie es kommen musste: Trotz der vielen schönen Dinge, die Christian für mich vorbereitet hatte, konnte ich den Tag nicht richtig genießen. So viele Gedanken, wie man den Tag noch anders hätte gestalten können, blockierten mich. *Wieso habe ich mich auch darauf eingelassen, dass jemand anders meinen Tag plant? Warum habe ich nicht einfach eine Entscheidung getroffen und sie durchgezogen?*, fragte ich mich gerade, während wir eine wunderschöne Fahrradtour machten.

Ich wollte gerade von der Straße auf den Bürgersteig fahren und nahm den falschen Winkel – da stürzte ich plötzlich und fiel auf den Kopf. Ich hatte einige große Schürfwunden an meinem Bein und am Arm, sonst nichts. Wie dankbar war ich, dass ich einen Helm aufhatte. Wir fuhren schnell zu meiner Schwiegermutter, die mir meine Wunden verband.

Trotz der Schmerzen hat der Sturz etwas in meinem Herzen geradegerückt. Mir war klar: Gott hatte mich eben wirklich bewahrt! Und plötzlich konnte ich nicht nur darüber dankbar sein, sondern sah auch wieder all die Segnungen, die mir dieser Tag bisher geschenkt hatte: die tollen Aufmerksamkeiten und Überraschungen von Christian, die schöne Natur mit all den Tieren, die Hilfsbereitschaft meiner lieben Schwiegermutter und all die anderen lieben Menschen, die ich, nicht nur heute, in meinem Leben wissen darf. Meine Augen waren wieder auf das Schöne gerichtet und ich konnte wieder eine tiefe Dankbarkeit empfinden. Warum nicht schön früher?

In Kolosser 3,15 heißt es: „Und der Friede, den Christus schenkt, soll euer ganzes Leben bestimmen." Ich glaube, dass der Vers eine Menge zum Thema Perfektionismus und überhöhte Ansprüche zu sagen hat. Wenn ich danach strebe, dass alles perfekt sein und exakt meinen Vorstellungen entsprechen muss, lasse ich mich von einer unbestimmten Angst leiten – der Angst davor, dass dieser wichtige Tag, dieser wichtige Anlass, nicht so großes Glück bringen könnte, wie ich es mir wünsche und irgendwie auch erwarte. Es ist die Angst davor, dass es letztlich ein ganz gewöhnlicher Tag wird, der fast schon unbemerkt verstreicht. Um das zu vermeiden, bin ich bereit, wirklich alles in Bewegung zu setzen, damit das Ambiente, die Stimmung und einfach alles perfekt wird. Man könnte meinen, *ich* hätte es in der Hand, perfekte Momente zu schaffen. Dabei ist alles, was ich mit diesem hohen Anspruch bewirke, dass ich mich und mein ganzes Umfeld stresse. Es braucht nicht viel, schon bin ich enttäuscht und traurig über den Tag. Und das soll Genuss und ein schöner Tag sein? Weit gefehlt. Viel besser ist es, mit einem friedlichen und entspannten Herzen durch den Tag zu gehen und offen zu sein für die Geschenke, die Gott mir durch meine Liebsten geben will.

Ja, mit einem friedlichen Herzen können wir Liebe und Schönheit viel besser wahrnehmen, und wenn wir entspannt sind, entstehen schöne Momente von ganz allein. Mit den liebsten Menschen lachen, Zeit miteinander verbringen, das Leben und die Liebe feiern – unverkrampft, unkontrolliert, echt. Die Schönheit eines Tages ist nicht so sehr von äußeren Dingen abhängig, sondern in erster Linie von unserer Herzenshaltung. Meistens sind die schönsten Momente ohnehin die, die einfach aus der Situation heraus entstanden sind. Momente voller Leben und Liebe.

Ich glaube, dass Frauen mit perfektionistischen Ansprüchen sich nicht nur selbst das Leben schwer machen, sondern auch das Leben ihrer Familie verkomplizieren. Es ist anstrengend, mit Menschen umgehen und leben zu müssen, die jederzeit eine klare Vorstellung von einer Situation haben und sich nur dann entspannen können, wenn ihr Plan aufgegangen ist. Wir können stattdessen lernen, dankbar und zufrieden für das echte Leben zu sein, anstatt nur unsere durch Schwerstarbeit „produzierten" Momente zu feiern, wenn alles tatsächlich genauso geklappt hat, wie wir es uns gewünscht haben. Wie schön ist es, wenn man uns überraschen und beschenken kann und wir einfach mit Dankbarkeit und Freude reagieren. Es ist so wertvoll, wenn wir offen für die Segnungen und Geschenke von Gott sind. Dann fühlt sich das Leben und jeder Tag besonders schön und kostbar an – und das, ohne dass wir unfassbar viel dazu beitragen müssen. Glück lässt sich eben nicht planen, nur genießen.

## Mitten ins Leben

Gab es in deinem Leben Situationen, in denen du andere Menschen mit deinen hohen Ansprüchen gestresst hast? Hast du immer wieder den Anspruch, dass Dinge genauso laufen müssen, wie du es dir vorgestellt hast? Wann leidest du selbst unter deinen hohen Ansprüchen? Was könnte sich in deinem Leben verändern, wenn du bewusst gegen dein Kontrollbedürfnis und deine perfektionistischen Ansprüche angehen würdest?

## Alltagstipp

Gib die Planung deines nächsten größeren Events doch einmal bewusst an deine beste Freundin oder deine Schwester ab und lass dich einfach mal überraschen. Schöne Momente hängen davon ab, ob du Freude im Herzen hast, Liebe empfangen und verschenken kannst und dankbar für das bist, was der Tag dir bringt – und nicht von einer perfekten Planung. Also, lass dich beschenken!

# Unterwegs mit leichtem Gepäck

Mein Joch ist sanft, meine Last ist leicht.
Matthäus 11,30; LU

Viel zu oft gebe ich in meinem Leben Vollgas ohne Ende, bis ich irgendwann gezwungen bin, eine Pause einzulegen, weil alle meine „Energie-Tanks" leer sind. Aber sobald ich dann wieder neue Kraft „getankt" habe, geht es gleich zurück auf die Überholspur. Meine Mutter sprach früher immer wieder davon, dass ich versuchen würde, zwei Leben in einem zu leben – und damit hatte sie gar nicht so unrecht. Irgendwie konnte ich die Ruhephasen nach einem abgeschlossenen Projekt oder einer besonders intensiven Zeit nie richtig genießen und flirtete stattdessen schon wieder mit der nächsten großen Sache, in die ich mich investieren konnte.

Meistens lud ich mir dann gleich wieder zu viel auf. Ich hatte schon immer diesen großen Tatendrang, aber war gleichzeitig unglücklich darüber, dass mein Aufgabenpensum irgendwie nie ausgeglichen war: Es gab immer nur entweder zu viel oder zu wenig zu tun. Manchmal sehnte ich mich auf eine einsame Insel: „Wo ist die Insel in meinem Leben, wo ich einfach mal ausruhen kann?" Aber es ist eben nicht leicht, die Füße stillzuhalten, wenn man noch so viele Träume hat und einem immer wieder neue schöne Dinge einfallen, die man machen könnte. Es gibt schließlich so viele liebe Menschen, die man wieder einmal treffen könnte, und so viele Ideen für tolle Projekte, die man noch umsetzen könnte. Ja, es gibt so viele schöne Sachen, dass ich am liebsten alles gleichzeitig machen würde, aber im Kopf weiß ich mittlerweile: Zu viel vom Guten ist auch zu viel.

Vor einiger Zeit habe ich mit Freunden eine Hüttentour gemacht. Vier Tage lang wanderten wir täglich circa 20 Kilometer von Hütte zu Hütte. Bei der Vorbereitung hatte uns unser privater Reiseleiter und Freund gesagt, dass wir unseren Rucksack bloß nicht zu voll packen sollten, sonst würde uns die Tour sehr schwerfallen – schließlich warteten einige Höhenmeter auf uns. Und so hatte ich mir beim Packen dann tatsächlich bei jedem Gramm mehr überlegt, ob ich die Sache, die ich gerade eingepackt hatte, auch wirklich brauchte. Am Ende nahm ich nur Folgendes mit: extra leichte Kleidung, die nötigsten Hygieneartikel, ein Stück Käse, ein Stück Wurst und ausreichend Brot. So viel wie nötig, aber auch nicht mehr. Das war unsere Devise. Dieses Prinzip vom leichten Gepäck will ich zukünftig auch auf mein Leben übertragen. Ich möchte viel bewusster auswählen, was ich in meinem „Lebensrucksack" mitnehmen will – so viel wie nötig, aber auch nicht mehr, auch nicht, wenn es um all die schönen Dinge geht. Denn zu viele angenommene Einladungen können irgendwann zum Stress werden, genauso wie zu viele Hobbys, Projekte oder Aufgaben in der Gemeinde oder in anderen Ehrenämtern. Wenn wir in zu vielen unterschiedlichen Bereichen mitmischen wollen, wird unser Gepäck sehr schwer. Aber auch „schweres Gepäck" aus der Vergangenheit kann uns auf unserem Lebensweg belasten.

Die Band „Silbermond" singt in ihrem Song „Leichtes Gepäck" so treffend davon, wie wir irgendwann merken, dass wir 99 Prozent des ganzen Ballasts, den wir so mit uns herumschleppen, überhaupt nicht brauchen. Deswegen können wir ihn getrost wegschmeißen und mit „leichtem Gepäck" weiterreisen. Wenn es um materielle Dinge geht, kann man so haushalten und vielleicht wirklich einmal ordentlich entrümpeln und alles wegschmeißen, was man nicht mehr braucht. Aber wie geht das in unserem Leben? Wie können wir da „aufräumen" und unnötige Lasten loswerden? Woher wissen wir, dass wir nicht Dinge aus unserem Gepäck werfen, die zu uns gehören und uns ausmachen? Woher wissen wir, was in unserem Leben *wirklich* wichtig ist und was nicht?

Bei dieser Frage kann uns, wie so oft, die Bibel am besten weiterhelfen. Zum Beispiel mit dem folgenden Vers: „Denn bei dir ist die Quelle des Lebens, und in deinem Lichte sehen wir das Licht" (Psalm 36,10; LU). Gott ist die Quelle des Lebens und bei ihm können wir klarsehen. In Gottes Gegenwart wird es hell und wir können erkennen, was die wirklich wichtigen Dinge in unserem „Lebensrucksack" sind. Eigentlich ist es auch gar nicht so schwer, diese Dinge zu erkennen, wenn wir uns an einer anderen Bibelstelle orientieren. Jesus selbst hat einmal gesagt: „Setzt euch zuerst für Gottes Reich ein und dafür, dass sein Wille geschieht. Dann wird er euch mit allem anderen versorgen" (Matthäus 6,33). Das ist zwar ziemlich herausfordernd, aber zumindest eine klare Ansage. Wie Gott sich unsere Prioritätensetzung wünscht, ist damit klar. Wenn wir uns wieder einmal total verzetteln, kann es uns deshalb helfen, wenn wir uns ehrlich fragen, ob die Dinge, die wir tun wollen, eine gute „Investition" in Gottes Reich sind, oder nur irgendwelchen egoistischen Bedürfnissen entspringen. Im Zweifelsfall fällt uns die Entscheidung leichter, wenn wir für uns klar haben: „Jesus first."

Doch wir dürfen auch in keinen Aktionismus oder religiösen Leistungsdruck verfallen und uns für Gottes Reich so verausgaben, dass wir kurz vorm Burn-out sind. Deshalb kommen wir, wenn wir unseren „Lebensrucksack" weise packen wollen, nicht darum herum, immer wieder Gottes Nähe zu suchen und ihn ganz konkret zu fragen, was gerade *jetzt* dran ist. In Gottes Gegenwart erfahren wir Ruhe und einen tiefen Frieden. Wir entspannen uns und wissen dann plötzlich, wo wir Menschen, Aufgaben und Hobbys – oder vielleicht auch Ansprüche an uns selbst – loslassen dürfen, um dann „mit leichtem Gepäck" weitergehen zu können. Von den unnötigen Lasten befreit, können wir die großen und kleinen Herausforderungen, die uns das Leben so stellt, dann wieder viel leichter bewältigen.

Gott ist die Quelle des Lebens. Das bedeutet, dass wir mit ihm im Grunde schon alles haben, was wir brauchen. Er ist unser Glück, unsere Hoffnung und tiefe Freude. Wenn wir auf Gott schauen, können wir unseren Blick von den vielen unwichtigen Dingen in unserem Leben lösen, um einfach zu sein, einfach zu leben und die schönen Ausblicke auf unsere „Lebenswanderung" zu genießen.

Wenn ich Jesus in mein Herz lasse, werde ich ruhig. Ich merke, wie ich in Gottes Gegenwart getrost einen „Gang runterschalten" kann und nicht mehr ständig auf der Überholspur sein muss. Und diese Ruhe in mir ist nicht nur oberflächlich. Hinter dieser Ruhe steckt mehr. Die Ruhe, die Jesus verspricht, meint eine Ruhe, die unser Herz froh macht. Er will unsere Sehnsüchte erfüllen, uns Zufriedenheit schenken und unsere Augen wieder strahlen lassen. Wenn Jesus von Ruhe spricht, meint er damit eine Ruhe, die unser Herz aufatmen und uns entspannt lächeln lässt. Genau von dieser Ruhe will ich mehr. Ich merke, wie sie mir immer wertvoller wird. Ja, sie wird mir langsam sogar wichtiger als all die schönen Dinge, die ich doch nicht alle machen kann. Ich merke: Ich muss nicht mehr zwei Leben in eins packen – es ist mehr als genug, wenn ich Jesus, der das Leben selbst ist, in meinem Leben habe. Wie ist es für dich?

## Mitten ins Leben

Bist du „mit leichtem Gepäck" unterwegs oder hast du den Eindruck, unter deiner Last von Aufgaben, Ansprüchen und Verpflichtungen fast einzuknicken? Wofür würdest du gern mehr Zeit in deinem Leben haben? Was ist dir wirklich wichtig? Was sollte definitiv einen Platz in deinem „Lebensrucksack" finden – und was nicht?

## Alltagstipp

Mach dir heute doch mal einen Überblick darüber, was du überhaupt alles in deinem „Lebensrucksack" mit dir herumschleppst, und schreibe alles auf unterschiedliche, kleine Zettel. Werde dir darüber bewusst, dass du all diese Dinge tragen musst und dass dich das unterwegs viel Kraft kosten wird. Vielleicht hast du Lust, danach einen kleinen Spaziergang zu machen und einen Rucksack mitzunehmen, in den du nur die Zettel packst mit den Dingen, die du gern in deinem Leben behalten würdest. Und dann genieße das Gefühl, mit „leichtem Gepäck" unterwegs zu sein!

# Im Strandkorb ist die Welt in Ordnung

Dir nahe zu sein ist mein ganzes Glück.
Psalm 73,28; GNB

Ich sitze im Strandkorb und nehme all die Schönheit um mich herum wahr: das blaue Meer, den weißen Sandstrand, die Möwen in der Luft. In diesem Moment fühle ich nichts als tiefes Glück. Normalerweise fallen mir schnell Dinge ein, die anders sein könnten, die ich vermisse, die ich mir noch wünsche, die optimaler laufen könnten oder die ich noch erledigen muss. Aber diese ganzen Gedanken werden hier am Meer auf einmal still. Das häufig so dröhnende Lebensradio wird auf „leise" gedreht. Ruhe. Stille. Einfach sein. Neben mir sitzt mein Liebster. Wir haben eine kuschelige Decke mitgenommen, essen einen leckeren Salat mit Tomate und Mozzarella, danach ein Fischbrötchen und zum Dessert ein Stück französische Mandeltarte. Wir genießen das Essen und schauen den schaumigen Wellen zu. Sind einfach nur dankbar – dankbar für diesen kostbaren Augenblick, dankbar für das Leben, dankbar für die Liebe, dankbar für Gott. Meine Seele kommt zur Ruhe, wird still. Die Schönheit liegt vor mir und drängt sich in mein Herz. Alle Alltagssorgen sind vergessen, ich vergesse sogar, wie sich der Alltag anfühlt. Bei *WhatsApp* steht in meinem Status: „Ich beantworte die Nachrichten in rund zwei Wochen."

Das laute Leben mit Pflichten, Erwartungen und Aufgaben darf warten. Jetzt ist Zeit für uns als Ehepaar. Zeit für uns – zum Genießen, zum Träumen, zum Glücklichsein. Hier im Strandkorb frage ich mich: *Warum ist das Leben sonst nicht so? Warum brauche ich sonst so viel, um zufrieden zu sein? Warum kaufe ich so viel und mache ich so viel, um zufrieden zu sein? Warum – wenn es doch so einfach geht?* Ja, was würde passieren, wenn ich, anstatt nach dem „Mehr" Ausschau zu halten, eher nach dem „Weniger" suchen würde? Wenn ich minimalistischer leben und das wenige, was ich habe, umso mehr genießen würde? Mit meiner Mandeltarte vom Supermarkt und dem abgepackten Salat fühle ich mich gerade so unfassbar beschenkt. Es schmeckt so gut, wie kein Fünf-Gänge-Menü im Fünf-Sterne-Restaurant schmecken könnte. Weil ich es einfach mit dankbarem und zufriedenem Herzen genieße. Ich bin glücklich und zufrieden und brauche nicht den nächsten großen Kick, das nächste tolle Geschmackserlebnis, die nächste Überraschung. Alles, was ich brauche, und noch viel mehr, habe ich bereits. In diesem Moment.

In Psalm 73,28 stehen die Worte: „Dir nahe zu sein ist mein ganzes Glück." Es ist ein Satz, der so unfassbar viel Wahrheit in sich trägt. Es gibt so viel, worüber wir uns den Kopf zerbrechen und wofür wir all unsere Aufmerksamkeit, unsere Zeit, unser Geld, unsere Kraft investieren: die Karriere, irgendwelche Statussymbole, die eigene Gesundheit, die Eigenwirkung auf andere, der Beliebtheitsgrad, das liebe Geld, die ganzen Beziehungen und Freundschaften, die älter werdenden Eltern und die eigenen Kinder. Aber das alles bringt uns nur bedingt Glück. Unser wahrer Glücksgeber ist Gott. Er gibt tiefe Ruhe und tiefe Zufriedenheit. Er möchte uns der Wichtigste sein. Aber all die anderen Bereiche im Leben buhlen um unsere Aufmerksamkeit und schaffen es immer wieder, uns die Freiheit zu nehmen, uns permanent zu gängeln und unser Herz – uns – verwalten zu wollen. Das ist ungesund.

Dann ist es dran, dass wir unser Herz wieder „zurechtrücken" lassen. Gott liebt unser Herz und er liebt es, wenn wir glücklich und zufrieden sind. Er will derjenige sein, der unseren Lebenshunger stillt und unser tiefes Bedürfnis nach Liebe und Geborgenheit beantwortet. Er will derjenige sein, der uns zutiefst glücklich macht und von dem wir alles erwarten, was wir zum Leben brauchen. Aber immer wieder werden wir herausgefordert, an Gottes Herz zu bleiben und unseren Fokus auf ihn ausgerichtet zu halten – immer dann, wenn all die anderen Dinge um unsere Aufmerksamkeit kämpfen.

Wie heilsam kann genau aus diesem Grund ein Urlaub am Meer sein! Ein Urlaub, bei dem man das Handy mit all den darin abgespeicherten Beziehungen, Informationen und Erinnerungen einfach mal zur Seite legt und ausgeschaltet lässt und sich bewusst für das einfache, „kleine Leben" entscheidet? Ein Urlaub, bei dem man nur noch in dieser kleinen

Welt lebt, in der man morgens überlegt, was man Schönes unternehmen könnte, und sich dann einfach treiben lässt, die Freiheit schmeckt, die frische Meeresbrise auf der Haut spürt und vor Dankbarkeit immer wieder einfach nur sprachlos wird? In so einem Urlaub fällt es leicht, ganz natürlich mit Gott Kontakt aufzunehmen, ihm zu begegnen und zu danken und in ihm zu ruhen.

Ich sehne mich danach, dass ich dieses Freiheitsgefühl und diese Freude über die ganz kleinen Dinge im Leben mit in meinen Alltag nehmen kann. Mein Herz darf jederzeit zu Gott „in den Strandkorb krabbeln", die Schönheit des Lebens genießen und geborgen in Gott tiefes Glück empfinden. „Dir nahe zu sein ist mein ganzes Glück." In diesem kurzen Vers ist auf den Punkt gebracht, wie wir ein erfülltes Leben führen können. Gottes Einladung dazu steht: Führe ein Leben ganz nah an seinem Herzen.

## Mitten ins Leben

Woran hängt dein Herz? Was benötigst du, um glücklich zu sein? Wann hast du zuletzt tiefes Glück gefunden? Welche Dinge buhlen um deine Aufmerksamkeit? Wie kommt dein Herz zur Ruhe?

## Alltagstipp

Gönn dir einfach mal einen Tag offline. Lies ein gutes Buch. Verbringe Zeit mit Gott. Gehe eine kleine Runde wandern und genieße das Glück, in der Natur unterwegs zu sein. Vielleicht kannst du tatsächlich auch mal wieder ans Meer fahren und dich dort von der Schönheit der Weite überwältigen lassen. In all dem nehme Gott bewusst mit. Sei ihm nah und finde dieses tiefe Glück, das bleibt.

# Dankeschön

Mein ganz großer Dank geht an meinen geliebten Herrn und Freund, Jesus. Du gehst mit mir durch all die wundervollen und manchmal auch wundersamen Zeiten meines Lebens und bleibst treu an meiner Seite, egal was kommt. Danke für all das große und kleine Glück, das mir unterwegs mit dir begegnet. Mit dir hat das Leben so unfassbar viel zu bieten!

Christian, du bist der beste Mann, den Gott mir an die Seite hätte stellen können. Danke, dass du mit mir durch Montage und Sonntage gehst und wir Leben, Glauben, Berufung, Träume, Wohnung, Geld und noch viel mehr miteinander teilen können. Ich bin total dankbar, dass Gott mir mit dir mein größtes Wunder im Leben geschenkt hat. Ich liebe dich!

Ein ganz großer Dank geht natürlich auch an meine Familie und Schwiegerfamilie. Ihr alle habt einen großen Platz in meinem Herzen und ich bin Gott super dankbar dafür, dass ich mit so tollen Menschen wie euch beschenkt wurde und gesegnet bin. Danke, dass ihr Teil meines Lebens seid!

Angie, du bist mir in den letzten Jahren zu einer unbeschreiblich guten Freundin geworden. Ich bin so dankbar, dass wir uns regelmäßig sehen, über Voice-Mails hören und so viel miteinander bereden, erleben und genießen können. Davon will ich mehr! Hab dich sehr lieb!

Danke, Daniela, Isabell, Janina und Sarah, dass ihr euch mit mir auf die Glaubensreise gemacht habt. Schon jetzt habe ich eine Menge von euch gelernt und bin gespannt, wohin die Reise uns noch führen wird, aber eines ist klar: Gott ist mit uns! Ich bin so dankbar, dass uns nicht nur der Glaube, sondern auch eine Freundschaft verbindet!

Natürlich geht auch ein ganz großer Dank an den Jugendkreis, den Christian und ich leiten dürfen. Ihr seid so crazy, aufgedreht, lustig, liebenswürdig und einfach wundervoll! Danke für all die unvergesslichen Momente, die wir bereits mit euch teilen durften. Da wartet noch sehr viel Gutes auf uns!

Désirée, danke für deinen unermüdlichen Einsatz für mein Buch, für unser Treffen, die vielen Mails, die vielen Messages auf Facebook, deine Korrekturen und deine Gedanken. Es war echt eine intensive Reise, die wir gemeinsam erlebt haben, und ich bin total dankbar dafür. Ich bin sehr glücklich mit dem Ergebnis und freue mich total darauf, „unser" Baby ins Leben zu entlassen. Darauf sollten wir anstoßen!

© 2019 by Gerth Medien GmbH, Dillerberg 1, 35614 Asslar

Wenn nicht anders angegeben, wurden die Bibelstellen der folgenden Übersetzung entnommen:
*Hoffnung für alle*®, Copyright © 1983, 1996, 2002, 2015 by Biblica Inc.®.
Verwendet mit freundlicher Genehmigung von Fontis – Brunnen Basel.
Alle weiteren Rechte weltweit vorbehalten.

1. Auflage 2019
Bestell-Nr. 817549
ISBN 978-3-95734-549-3

Umschlaggestaltung: Anna-Lisa Offermann
Unter Verwendung von Shutterstock
Lektorat: Désirée Gudelius
Satzlayout & Herstellung: Immanuel Grapentin
Satz: Apel Verlagsservice, Bad Fallingbostel
Druck und Verarbeitung: GGP Media GmbH, Pößneck
Printed in Germany

www.gerth.de